The Constitution of the Republic of Kosovo:
Europe's Newest Nation

Prepared and Introduced by
Yusuf Hashani

CS Publishing, 2018

Copyright © 2018 CSI Publishing

First Published in April, 2018
by CSI Publishing

All rights reserved. Except for the constitution
included here, no other part of this publication may
be reproduced, stored in any retrieval system, or transmitted
in any form or by any means, electronic, mechanical,
photocopying, recording or otherwise without prior
permission from the author.

Prepared by Yusuf Hashani

ISBN AVAILABLE
Constitution of Kosovo

Cover photo: The flag of Kosovo

Contents

Map of Kosovo and the Region
Introduction
Common Political Acronyms in Kosovo
The Albanian Alphabet & Transliteration Chart
Constitution (English)
Constitution (Albanian)

Map: Kosovo and the Region

Introduction

The Constitution of Kosovo (or Kosova), refers to the supreme law (article 16) of the Republic of Kosovo. Article four of the constitution establishes the rules and separate powers of the three branches of the government.

Only two months after the independence of Kosovo itself, the constitution was signed on the 7th of April, 2008, at the national library in Prishtina. The constitution was ratified on 9th of April and came to effect on the 15th of June, 2008.[1]

This English and Albanian edition of the document, with an Introduction, Map, and Transliteration Chart will give the reader a general overview of the laws and the governing body of this new country in the heart of Europe aspiring to soon join the EU.

---

[1] For more on the history of Kosovo, see *Kosovo: What Everyone Needs to Know* by Tim Judah, and *Kosovo: A Short History* by Noel Malcolm.

Common Political Acronyms in Kosovo

AAK	Aleanca për Ardhmërinë e Kosovës (Alliance for the Future of Kosovo)
ADK	Alternativa Demokrative e Kosovës (Democratic Alternative of Kosovo)
AFK	Alliance for the Future of Kosovo
AKM	Agjencia Kosovare e Mirëbesimit (Kosovo Trust Agency)
AKR	Aleanca Kosova e Re (Alliance for a New Kosovo)
AKSH	Armata Kombëtare Shqiptare (Albanian National Army)
ASHAK	Akademia e Shkencave dhe e Arteve e Kosovës (Academy of Sciences and Arts of Kosovo)
ATP	Autonomous Trade Preference
BK	Balli Kombëtar (National Front)
BSDAK	Bošnjacka Stranka Demokratske Akcije Kosovo (Bosnian Democratic Action Party of Kosovo)
BSPK	Bashkimi i Sindikatave të Pavarura të Kosovës (Independent Trade Union Confederation of Kosovo)
CBK	Central Bank of Kosovo
CEFTA	Central European Free Trade Agreement
DLK	Democratic League of Kosovo
EU	European Union
EULEX	European Union Rule of Law Mission in Kosovo
EUMIK	European Union Mission in Kosovo
EUSR	European Union Special Representative
FRY	Federal Republic of Yugoslavia
FSK	Forca e Sigurisë së Kosovës (Kosovo Security Force)
IRDK	Iniciativa e Re Demokratike e Kosovës (New Initiative for a Democratic Kosovo)
KAN	Kosovo Action Network

KDOM	Kosovo Diplomatic Observer Mission
KDTP	Kosovo Demokratik Türk Partisi (Turkish Democratic Party of Kosovo)
KLA	Kosovo Liberation Army
KJC	Kosovo Judicial Council
KMLDNJ	Këshilli për Mbrojtjen e të Drejtave dhe të Lirive të Njeriut (Council for the Defense of Human Rights and Freedoms)
KP	Kosovo Police
KTA	Kosovo Trust Agency
LBD	Lëvizja e Bashkuar Demokratike (United Democratic Movement)
LDK	Lidhja Demokratike e Kosovës (Democratic League of Kosovo)
LPK	Lëvizja Popullore e Kosovës (Kosovo People's Movement)
NATO	North Atlantic Treaty Organization
OSCE	Organization for Security and Cooperation in Europe
PAK	Privatisation Agency of Kosovo
PBD	Partia e Bashkimit Demokratik (Democratic Union
PD	Partia e Drejtësisë (Justice Party)
PDK	Partia Demokratike e Kosovës (Democratic Party of
PGJK	Partia e të Gjelbërve të Kosovës (Green Party of Kosovo)
PLK	Partia Liberale e Kosovës (Liberal Party of Kosovo)
UÇK	Ushtria Çlirimtare e Kosovës (Kosovo Liberation Army)
UN	United Nations
UNESCO	United Nations Educational, Scientific and Cultural
UNHCR	United Nations High Commissioner for Refugees
UNMIK	United Nations Interim Admin. in Kosovo

The Albanian Alphabet & Transliteration Chart

Letters		Read as	Pronounce	Albanian Examples	English equivalent
A	a	a	a	afër	far
B	b	bë	b	bukë	bat
C	c	cë	ts	ceremoni	itsy
Ç	ç	çë	tʃ	çelës	chat
D	d	dë	d	dasëm	door
Dh	dh	dhë	ð	dhelpër	there
E	e	e	e	emër	enter
Ë	ë	ë	ə	ëmbël	around
F	f	fë	f	fletë	fly
G	g	gë	g	gurë	gum
Gj	gj	gjë	ɟ	gjeneral	join
H	h	hë	h	hap	hat
I	i	i	i	ilaç	sea
J	j	jë	j	javë	yawn
K	k	kë	k	këmishë	kite
L	l	lë	l	lopë	leave
Ll	ll	llë	ɫ or l	llampë	mill
M	m	më	m	mal	man
N	n	në	n	nënë	no
Nj	nj	një	ɲ	njeri	onion
O	o	o	o	orë	open
P	p	pë	p	parti	pen
Q	q	që	q	qumësht	mature

R	**r**	rë	ɾ	raport	red
Rr	**rr**	rrë	r (rolled)	rrjesht	borrow
S	**s**	së	s	stacion	stop
Sh	**sh**	shë	ʃ	shtëpi	shop
T	**t**	të	t	televizion	tree
Th	**th**	thë	θ	thupër	thin
U	**u**	u	u	urë	food
V	**v**	vë	v	vezë	vest
X	**x**	xë	dz	xixë	adze
Xh	**xh**	xhë	dʒ	xhaxha	Jupiter
Y	**y**	y	y	yll	new*
Z	**z**	z	z	zemër	zebra
Zh	**zh**	zhë	ʒ	zhurmë	pleasure

*No English equivalent found.

THE CONSTITUTION OF THE REPUBLIC OF KOSOVO

CHAPTER I	BASIC PROVISIONS	1
ARTICLE 1	[Definition of State]	1
ARTICLE 2	[Sovereignty]	1
ARTICLE 3	[Equality Before the Law]	1
ARTICLE 4	[Form of Government and Separation of Power]	1
ARTICLE 5	[Languages]	2
ARTICLE 6	[Symbols]	2
ARTICLE 7	[Values]	2
ARTICLE 8	[Secular State]	2
ARTICLE 9	[Cultural and Religious Heritage]	3
ARTICLE 10	[Economy]	3
ARTICLE 11	[Currency]	3
ARTICLE 12	[Local Government]	3
ARTICLE 13	[Capital City]	3
ARTICLE 14	[Citizenship]	3
ARTICLE 15	[Citizens Living Abroad]	3
ARTICLE 16	[Supremacy of the Constitution]	4
ARTICLE 17	[International Agreements]	4
ARTICLE 18	[Ratification of International Agreements]	4
ARTICLE 19	[Applicability of International Law]	5
ARTICLE 20	[Delegation of Sovereignty]	5
CHAPTER II	**FUNDAMENTAL RIGHTS AND FREEDOMS**	6
ARTICLE 21	[General Principles]	6
ARTICLE 22	[Direct Applicability of International Agreements and Instruments]	6
ARTICLE 23	[Human Dignity]	6
ARTICLE 24	[Equality Before the Law]	7
ARTICLE 25	[Right to Life]	7
ARTICLE 26	[Right to Personal Integrity]	7
ARTICLE 27	[Prohibition of Torture, Cruel, Inhuman or Degrading Treatment]	7
ARTICLE 28	[Prohibition of Slavery and Forced Labor]	7
ARTICLE 29	[Right to Liberty and Security]	8
ARTICLE 30	[Rights of the Accused]	9
ARTICLE 31	[Right to Fair and Impartial Trial]	9
ARTICLE 32	[Right to Legal Remedies]	10
ARTICLE 33	[The Principle of Legality and Proportionality in Criminal Cases]	10
ARTICLE 34	[Right not to be Tried Twice for the Same Criminal Act]	10
ARTICLE 35	[Freedom of Movement]	10
ARTICLE 36	[Right to Privacy]	10
ARTICLE 37	[Right to Marriage and Family]	11
ARTICLE 38	[Freedom of Belief, Conscience and Religion]	11
ARTICLE 39	[Religious Denominations]	11
ARTICLE 40	[Freedom of Expression]	12
ARTICLE 41	[Right of Access to Public Documents]	12
ARTICLE 42	[Freedom of Media]	12
ARTICLE 43	[Freedom of Gathering]	12
ARTICLE 44	[Freedom of Association]	12
ARTICLE 45	[Freedom of Election and Participation]	13
ARTICLE 46	[Protection of Property]	13
ARTICLE 47	[Right to Education]	13
ARTICLE 48	[Freedom of Art and Science]	13
ARTICLE 49	[Right to Work and Exercise Profession]	13
ARTICLE 50	[Rights of Children]	14
ARTICLE 51	[Health and Social Protection]	14
ARTICLE 52	[Responsibility for the Environment]	14
ARTICLE 53	[Interpretation of Human Rights Provisions]	14
ARTICLE 54	[Judicial Protection of Rights]	14
ARTICLE 55	[Limitations on Fundamental Rights and Freedoms]	15

ARTICLE 56 [Fundamental Rights and Freedoms During a State of Emergency] 15

CHAPTER III   RIGHTS OF COMMUNITIES AND THEIR MEMBERS 16

ARTICLE 57 [General Principles] 16
ARTICLE 58 [Responsibilities of the State] 16
ARTICLE 59 [Rights of Communities and their Members] 17
ARTICLE 60 [Consultative Council for Communities] 18
ARTICLE 61 [Representation in Public Institutions Employment] 18
ARTICLE 62 [Representation in the Institutions of Local Government] 19

CHAPTER IV   ASSEMBLY OF THE REPUBLIC OF KOSOVO 20

ARTICLE 63 [General Principles] 20
ARTICLE 64 [Structure of Assembly] 20
ARTICLE 65 [Competencies of the Assembly] 20
ARTICLE 66 [Election and Mandate] 21
ARTICLE 67 [Election of the President and Deputy Presidents] 21
ARTICLE 68 [Sessions] 22
ARTICLE 69 [Schedule of Sessions and Quorum] 22
ARTICLE 70 [Mandate of the Deputies] 23
ARTICLE 71 [Qualification and Gender Equality] 23
ARTICLE 72 [Incompatibility] 24
ARTICLE 73 [Ineligibility] 24
ARTICLE 74 [Exercise of Function] 24
ARTICLE 75 [Immunity] 24
ARTICLE 76 [Rules of Procedure] 25
ARTICLE 77 [Committees] 25
ARTICLE 78 [Committee on Rights and Interests of Communities] 25
ARTICLE 79 [Legislative Initiative] 26
ARTICLE 80 [Adoption of Laws] 26
ARTICLE 81 [Legislation of Vital Interest] 26
ARTICLE 82 [Dissolution of the Assembly] 27

CHAPTER V   PRESIDENT OF THE REPUBLIC OF KOSOVO 28

ARTICLE 83 [Status of the President] 28
ARTICLE 84 [Competencies of the President] 28
ARTICLE 85 [Qualification for Election of the President] 29
ARTICLE 86 [Election of the President] 29
ARTICLE 87 [Mandate and Oath] 30
ARTICLE 88 [Incompatibility] 30
ARTICLE 89 [Immunity] 30
ARTICLE 90 [Temporary Absence of the President] 30
ARTICLE 91 [Dismissal of the President] 31

CHAPTER VI   GOVERNMENT OF THE REPUBLIC OF KOSOVO 32

ARTICLE 92 [General Principles] 32
ARTICLE 93 [Competencies of the Government] 32
ARTICLE 94 [Competencies of the Prime Minister] 33
ARTICLE 95 [Election of the Government] 33
ARTICLE 96 [Ministries and Representation of Communities] 34
ARTICLE 97 [Responsibilities] 34
ARTICLE 98 [Immunity] 35
ARTICLE 99 [Procedures] 35
ARTICLE 100 [Motion of No Confidence] 35
ARTICLE 101 [Civil Service] 35

CHAPTER VII   JUSTICE SYSTEM 36

ARTICLE 102 [General Principles of the Judicial System] 36
ARTICLE 103 [Organization and Jurisdiction of Courts] 36
ARTICLE 104 [Appointment and Removal of Judges] 36
ARTICLE 105 [Mandate and Reappointment] 37
ARTICLE 106 [Incompatibility] 37
ARTICLE 107 [Immunity] 37

Article 108 [Kosovo Judicial Council] 38
Article 109 [State Prosecutor] 39
Article 110 [Kosovo Prosecutorial Council] 40
Article 111 [Advocacy] 40

CHAPTER VIII CONSTITUTIONAL COURT 41

Article 112 [General Principles] 41
Article 113 [Jurisdiction and Authorized Parties] 41
Article 114 [Composition and Mandate of the Constitutional Court] 42
Article 115 [Organization of the Constitutional Court] 43
Article 116 [Legal Effect of Decisions] 43
Article 117 [Immunity] 43
Article 118 [Dismissal] 43

CHAPTER IX ECONOMIC RELATIONS 44

Article 119 [General Principles] 44
Article 120 [Public Finances] 44
Article 121 [Property] 45
Article 122 [Use of Property and Natural Resources] 45

CHAPTER X LOCAL GOVERNMENT AND TERRITORIAL ORGANIZATION 46

Article 123 [General Principles] 46
Article 124 [Local Self-Government Organization and Operation] 46

CHAPTER XI SECURITY SECTOR 47

Article 125 [General Principles] 47
Article 126 [Kosovo Security Force] 47
Article 127 [Kosovo Security Council] 47
Article 128 [Kosovo Police] 48
Article 129 [Kosovo Intelligence Agency] 48
Article 130 [Civilian Aviation Authority] 49
Article 131 [State of Emergency] 49

CHAPTER XII INDEPENDENT INSTITUTIONS 51

Article 132 [Role and Competencies of the Ombudsperson] 51
Article 133 [Office of Ombudsperson] 51
Article 134 [Qualification, Election and Dismissal of the Ombudsperson] 51
Article 135 [Ombudsperson Reporting] 52
Article 136 [Auditor-General of Kosovo] 52
Article 137 [Competencies of the Auditor-General of Kosovo] 52
Article 138 [Reports of the Auditor-General of Kosovo] 53
Article 139 [Central Election Commission] 53
Article 140 [Central Bank of Kosovo] 53
Article 141 [Independent Media Commission] 54
Article 142 [Independent Agencies] 54

CHAPTER XIII FINAL PROVISIONS 55

Article 143 [Comprehensive Proposal for the Kosovo Status Settlement] 55
Article 144 [Amendments] 55
Article 145 [Continuity of International Agreements and Applicable Legislation] 55

CHAPTER XIV TRANSITIONAL PROVISIONS 57

Article 146 [International Civilian Representative] 57
Article 147 [Final Authority of the International Civilian Representative] 57
Article 148 [Transitional Provisions for the Assembly of Kosovo] 57
Article 149 [Initial Adoption of Laws of Vital Interest] 58
Article 150 [Appointment Process for Judges and Prosecutors] 58
Article 151 [Temporary Composition of Kosovo Judicial Council] 58
Article 152 [Temporary Composition of the Constitutional Court] 59
Article 153 [International Military Presence] 60
Article 154 [Kosovo Protection Corps] 60

ARTICLE 155 [CITIZENSHIP] 60
ARTICLE 156 [REFUGEES AND INTERNALLY DISPLACED PERSONS] 60
ARTICLE 157 [AUDITOR-GENERAL OF KOSOVO] 60
ARTICLE 158 [CENTRAL BANKING AUTHORITY] 60
ARTICLE 159 [SOCIALLY OWNED ENTERPRISES AND PROPERTY] 61
ARTICLE 160 [PUBLICLY OWNED ENTERPRISES] 61
ARTICLE 161 [TRANSITION OF INSTITUTIONS] 61
ARTICLE 162 [EFFECTIVE DATE] 62

We, the people of Kosovo,

Determined to build a future of Kosovo as a free, democratic and peace-loving country that will be a homeland to all of its citizens;

Committed to the creation of a state of free citizens that will guarantee the rights of every citizen, civil freedoms and equality of all citizens before the law;

Committed to the state of Kosovo as a state of economic wellbeing and social prosperity;

Convinced that the state of Kosovo will contribute to the stability of the region and entire Europe by creating relations of good neighborliness and cooperation with all neighboring countries;

Convinced that the state of Kosovo will be a dignified member of the family of peace-loving states in the world;

With the intention of having the state of Kosovo fully participating in the processes of Euro-Atlantic integration;

In a solemn manner, we approve the Constitution of the Republic of Kosovo.

Chapter I Basic Provisions

Article 1   [Definition of State]

1. The Republic of Kosovo is an independent, sovereign, democratic, unique and indivisible state.

2. The Republic of Kosovo is a state of its citizens. The Republic of Kosovo exercises its authority based on the respect for human rights and freedoms of its citizens and all other individuals within its borders.

3. The Republic of Kosovo shall have no territorial claims against, and shall seek no union with, any State or part of any State.

Article 2   [Sovereignty]

1. The sovereignty of the Republic of Kosovo stems from the people, belongs to the people and is exercised in compliance with the Constitution through elected representatives, referendum and other forms in compliance with the provisions of this Constitution.

2. The sovereignty and territorial integrity of the Republic of Kosovo is intact, inalienable, indivisible and protected by all means provided in this Constitution and the law.

3. The Republic of Kosovo, in order to maintain peace and to protect national interests, may participate in systems of international security.

Article 3   [Equality Before the Law]

1. The Republic of Kosovo is a multi-ethnic society consisting of Albanian and other Communities, governed democratically with full respect for the rule of law through its legislative, executive and judicial institutions.

2. The exercise of public authority in the Republic of Kosovo shall be based upon the principles of equality of all individuals before the law and with full respect for internationally recognized fundamental human rights and freedoms, as well as protection of the rights of and participation by all Communities and their members.

Article 4   [Form of Government and Separation of Power]

1. Kosovo is a democratic Republic based on the principle of separation of powers and the checks and balances among them as provided in this Constitution.

2. The Assembly of the Republic of Kosovo exercises the legislative power.

3. The President of the Republic of Kosovo represents the unity of the people. The President of the Republic of Kosovo is the legitimate representative of the country, internally and

externally, and is the guarantor of the democratic functioning of the institutions of the Republic of Kosovo, as provided in this Constitution.

4. The Government of the Republic of Kosovo is responsible for implementation of laws and state policies and is subject to parliamentarian control.

5. The judicial power is unique and independent and is exercised by courts.

6. The Constitutional Court is an independent organ in protecting the constitutionality and is the final interpreter of the Constitution.

7. The Republic of Kosovo has institutions for the protection of the constitutional order and territorial integrity, public order and safety, which operate under the constitutional authority of the democratic institutions of the Republic of Kosovo.

Article 5 [Languages]

1. The official languages in the Republic of Kosovo are Albanian and Serbian.

2. Turkish, Bosnian and Roma languages have the status of official languages at the municipal level or will be in official use at all levels as provided by law.

Article 6 [Symbols]

1. The flag, the seal and the anthem are the state symbols of the Republic of Kosovo all of which reflect its multi-ethnic character.

2. The appearance, display and protection of the flag and other state symbols shall be regulated by law. The display and protection of the national symbols shall be regulated by law.

Article 7 [Values]

1. The constitutional order of the Republic of Kosovo is based on the principles of freedom, peace, democracy, equality, respect for human rights and freedoms and the rule of law, non-discrimination, the right to property, the protection of environment, social justice, pluralism, separation of state powers, and a market economy.

2. The Republic of Kosovo ensures gender equality as a fundamental value for the democratic development of the society, providing equal opportunities for both female and male participation in the political, economic, social, cultural and other areas of societal life.

Article 8 [Secular State]

The Republic of Kosovo is a secular state and is neutral in matters of religious beliefs.

Article 9 [Cultural and Religious Heritage]

The Republic of Kosovo ensures the preservation and protection of its cultural and religious heritage.

Article 10 [Economy]

A market economy with free competition is the basis of the economic order of the Republic of Kosovo.

Article 11 [Currency]

1. The Republic of Kosovo uses as legal tender one single currency.

2. The Central Banking Authority of Kosovo is independent and is called the Central Bank of the Republic of Kosovo.

Article 12 [Local Government]

1. Municipalities are the basic territorial unit of local self-governance in the Republic of Kosovo.

2. The organization and powers of units of local self-government are provided by law.

Article 13 [Capital City]

1. The capital city of the Republic of Kosovo is Pristina.

2. The status and organization of the capital city is provided by law.

Article 14 [Citizenship]

The acquisition and termination of the right of citizenship of the Republic of Kosovo are provided by law.

Article 15 [Citizens Living Abroad]

The Republic of Kosovo protects the interests of its citizens abroad as provided by law.

Article 16 [Supremacy of the Constitution]

1. The Constitution is the highest legal act of the Republic of Kosovo. Laws and other legal acts shall be in accordance with this Constitution.

2. The power to govern stems from the Constitution.

3. The Republic of Kosovo shall respect international law.

4. Every person and entity in the Republic of Kosovo is subject to the provisions of the Constitution.

Article 17 [International Agreements]

1. The Republic of Kosovo concludes international agreements and becomes a member of international organizations.

2. The Republic of Kosovo participates in international cooperation for promotion and protection of peace, security and human rights.

Article 18 [Ratification of International Agreements]

1. International agreements relating to the following subjects are ratified by two thirds (2/3) vote of all deputies of the Assembly:

    (1) territory, peace, alliances, political and military issues;

    (2) fundamental rights and freedoms;

    (3) membership of the Republic of Kosovo in international organizations;

    (4) the undertaking of financial obligations by the Republic of Kosovo;

2. International agreements other than those in paragraph 1 are ratified upon signature of the President of the Republic of Kosovo.

3. The President of the Republic of Kosovo or the Prime Minister notifies the Assembly whenever an international agreement is signed.

4. Amendment of or withdrawal from international agreements follows the same decision making process as the ratification of such international agreements.

5. The principles and procedures for ratifying and contesting international agreements are set forth by law.

Article 19 [Applicability of International Law]

1. International agreements ratified by the Republic of Kosovo become part of the internal legal system after their publication in the Official Gazette of the Republic of Kosovo. They are directly applied except for cases when they are not self-applicable and the application requires the promulgation of a law.

2. Ratified international agreements and legally binding norms of international law have superiority over the laws of the Republic of Kosovo.

Article 20 [Delegation of Sovereignty]

1. The Republic of Kosovo may on the basis of ratified international agreements delegate state powers for specific matters to international organizations.

2. If a membership agreement ratified by the Republic of Kosovo for its participation in an international organization explicitly contemplates the direct applicability of the norms of that organization, then the law ratifying the international agreement must be adopted by two thirds (2/3) vote of all deputies of the Assembly, and those norms have superiority over the laws of the Republic of Kosovo.

Chapter II Fundamental Rights and Freedoms

Article 21 [General Principles]

1. Human rights and fundamental freedoms are indivisible, inalienable and inviolable and are the basis of the legal order of the Republic of Kosovo.

2. The Republic of Kosovo protects and guarantees human rights and fundamental freedoms as provided by this Constitution.

3. Everyone must respect the human rights and fundamental freedoms of others.

4. Fundamental rights and freedoms set forth in the Constitution are also valid for legal persons to the extent applicable.

Article 22 [Direct Applicability of International Agreements and Instruments]

Human rights and fundamental freedoms guaranteed by the following international agreements and instruments are guaranteed by this Constitution, are directly applicable in the Republic of Kosovo and, in the case of conflict, have priority over provisions of laws and other acts of public institutions:

(1) Universal Declaration of Human Rights;

(2) European Convention for the Protection of Human Rights and Fundamental Freedoms and its Protocols;

(3) International Covenant on Civil and Political Rights and its Protocols;

(4) Council of Europe Framework Convention for the Protection of National Minorities;

(5) Convention on the Elimination of All Forms of Racial Discrimination;

(6) Convention on the Elimination of All Forms of Discrimination Against Women;

(7) Convention on the Rights of the Child;

(8) Convention against Torture and Other Cruel, Inhumane or Degrading Treatment or Punishment;

Article 23 [Human Dignity]

Human dignity is inviolable and is the basis of all human rights and fundamental freedoms.

Article 24 [Equality Before the Law]

1. All are equal before the law. Everyone enjoys the right to equal legal protection without discrimination.

2. No one shall be discriminated against on grounds of race, color, gender, language, religion, political or other opinion, national or social origin, relation to any community, property, economic and social condition, sexual orientation, birth, disability or other personal status.

3. Principles of equal legal protection shall not prevent the imposition of measures necessary to protect and advance the rights of individuals and groups who are in unequal positions. Such measures shall be applied only until the purposes for which they are imposed have been fulfilled.

Article 25 [Right to Life]

1. Every individual enjoys the right to life.

2. Capital punishment is forbidden.

Article 26 [Right to Personal Integrity]

Every person enjoys the right to have his/her physical and psychological integrity respected, which includes:

(1) the right to make decisions in relation to reproduction in accordance with the rules and procedures set forth by law;

(2) the right to have control over her/his body in accordance with law;

(3) the right not to undergo medical treatment against his/her will as provided by law;

(4) the right not to participate in medical or scientific experiments without her/his prior consent.

Article 27 [Prohibition of Torture, Cruel, Inhuman or Degrading Treatment]

No one shall be subject to torture, cruel, inhuman or degrading treatment or punishment.

Article 28 [Prohibition of Slavery and Forced Labor]

1. No one shall be held in slavery or servitude.

2. No one shall be required to perform forced labor. Labor or services provided by law by persons convicted by a final court decision while serving their sentence or during a State

of Emergency declared in compliance with the rules set forth in this Constitution shall not be considered as forced labor.

3. Trafficking in persons is forbidden.

Article 29 [Right to Liberty and Security]

1. Everyone is guaranteed the right to liberty and security. No one shall be deprived of liberty except in the cases foreseen by law and after a decision of a competent court as follows:

    (1) pursuant to a sentence of imprisonment for committing a criminal act;

    (2) for reasonable suspicion of having committed a criminal act, only when deprivation of liberty is reasonably considered necessary to prevent commission of another criminal act, and only for a limited time before trial as provided by law;

    (3) for the purpose of educational supervision of a minor or for the purpose of bringing the minor before a competent institution in accordance with a lawful order;

    (4) for the purpose of medical supervision of a person who because of disease represents a danger to society;

    (5) for illegal entry into the Republic of Kosovo or pursuant to a lawful order of expulsion or extradition.

2. Everyone who is deprived of liberty shall be promptly informed, in a language he/she understands, of the reasons of deprivation. The written notice on the reasons of deprivation shall be provided as soon as possible. Everyone who is deprived of liberty without a court order shall be brought within forty-eight (48) hours before a judge who decides on her/his detention or release not later than forty-eight (48) hours from the moment the detained person is brought before the court. Everyone who is arrested shall be entitled to trial within a reasonable time and to release pending trial, unless the judge concludes that the person is a danger to the community or presents a substantial risk of fleeing before trial.

3. Everyone who is deprived of liberty shall be promptly informed of his/her right not to make any statements, right to defense counsel of her/his choosing, and the right to promptly communicate with a person of his/her choosing.

4. Everyone who is deprived of liberty by arrest or detention enjoys the right to use legal remedies to challenge the lawfulness of the arrest or detention. The case shall be speedily decided by a court and release shall be ordered if the arrest or detention is determined to be unlawful.

5. Everyone who has been detained or arrested in contradiction with the provisions of this article has a right to compensation in a manner provided by law.

6. An individual who is sentenced has the right to challenge the conditions of detention in a manner provided by law.

Article 30 [Rights of the Accused]

Everyone charged with a criminal offense shall enjoy the following minimum rights:

(1) to be promptly informed, in a language that she/he understands, of the nature and cause of the accusation against him/her;

(2) to be promptly informed of her/his rights according to law;

(3) to have adequate time, facilities and remedies for the preparation of his/her defense;

(4) to have free assistance of an interpreter if she/he cannot understand or speak the language used in court;

(5) to have assistance of legal counsel of his/her choosing, to freely communicate with counsel and if she/he does not have sufficient means, to be provided free counsel;

(6) to not be forced to testify against oneself or admit one's guilt.

Article 31 [Right to Fair and Impartial Trial]

1. Everyone shall be guaranteed equal protection of rights in the proceedings before courts, other state authorities and holders of public powers.

2. Everyone is entitled to a fair and impartial public hearing as to the determination of one's rights and obligations or as to any criminal charges within a reasonable time by an independent and impartial tribunal established by law.

3. Trials shall be open to the public except in limited circumstances in which the court determines that in the interest of justice the public or the media should be excluded because their presence would endanger public order, national security, the interests of minors or the privacy of parties in the process in accordance with law.

4. Everyone charged with a criminal offense has the right to examine witnesses and to obtain the obligatory attendance of witnesses, experts and other persons who may clarify the evidence.

5. Everyone charged with a criminal offense is presumed innocent until proven guilty according to law.

6. Free legal assistance shall be provided to those without sufficient financial means if such assistance is necessary to ensure effective access to justice.

7. Judicial proceedings involving minors shall be regulated by law respecting special rules and procedures for juveniles.

Article 32 [Right to Legal Remedies]

Every person has the right to pursue legal remedies against judicial and administrative decisions which infringe on his/her rights or interests, in the manner provided by law.

Article 33 [The Principle of Legality and Proportionality in Criminal Cases]

1. No one shall be charged or punished for any act which did not constitute a penal offense under law at the time it was committed, except acts that at the time they were committed constituted genocide, war crimes or crimes against humanity according to international law.

2. No punishment for a criminal act shall exceed the penalty provided by law at the time the criminal act was committed.

3. The degree of punishment cannot be disproportional to the criminal offense.

4. Punishments shall be administered in accordance with the law in force at the time a criminal act was committed, unless the penalties in a subsequent applicable law are more favorable to the perpetrator.

Article 34 [Right not to be Tried Twice for the Same Criminal Act]

No one shall be tried more than once for the same criminal act.

Article 35 [Freedom of Movement]

1. Citizens of the Republic of Kosovo and foreigners who are legal residents of Kosovo have the right to move freely throughout the Republic of Kosovo and choose their location of residence.

2. Each person has the right to leave the country. Limitations on this right may be regulated by law if they are necessary for legal proceedings, enforcement of a court decision or the performance of a national defense obligation.

3. Citizens of the Republic of Kosovo shall not be deprived the right of entry into Kosovo.

4. Citizens of the Republic of Kosovo shall not be extradited from Kosovo against their will except for cases when otherwise required by international law and agreements.

5. The right of foreigners to enter the Republic of Kosovo and reside in the country shall be defined by law.

Article 36 [Right to Privacy]

1. Everyone enjoys the right to have her/his private and family life respected, the inviolability of residence, and the confidentiality of correspondence, telecommunication and other communication.

2. Searches of any private dwelling or establishment that are deemed necessary for the investigation of a crime may be conducted only to the extent necessary and only after approval by a court after a showing of the reasons why such a search is necessary. Derogation from this rule is permitted if it is necessary for a lawful arrest, to collect evidence which might be in danger of loss or to avoid direct and serious risk to humans and property as defined by law. A court must retroactively approve such actions.

3. Secrecy of correspondence, telephony and other communication is an inviolable right. This right may only be limited temporarily by court decision if it is necessary for criminal proceedings or defense of the country as defined by law.

4. Every person enjoys the right of protection of personal data. Collection, preservation, access, correction and use of personal data are regulated by law.

Article 37 [Right to Marriage and Family]

1. Based on free will, everyone enjoys the right to marry and the right to have a family as provided by law.

2. Marriage and divorce are regulated by law and are based on the equality of spouses.

3. Family enjoys special protection by the state in a manner provided by law.

Article 38 [Freedom of Belief, Conscience and Religion]

1. Freedom of belief, conscience and religion is guaranteed.

2. Freedom of belief, conscience and religion includes the right to accept and manifest religion, the right to express personal beliefs and the right to accept or refuse membership in a religious community or group.

3. No one shall be required to practice or be prevented from practicing religion nor shall anyone be required to make his/her opinions and beliefs public.

4. Freedom of manifesting religion, beliefs and conscience may be limited by law if it is necessary to protect public safety and order or the health or rights of other persons.

Article 39 [Religious Denominations]

1. The Republic of Kosovo ensures and protects religious autonomy and religious monuments within its territory.

2. Religious denominations are free to independently regulate their internal organization, religious activities and religious ceremonies.

3. Religious denominations have the right to establish religious schools and charity institutions in accordance with this Constitution and the law.

Article 40 [Freedom of Expression]

1. Freedom of expression is guaranteed. Freedom of expression includes the right to express oneself, to disseminate and receive information, opinions and other messages without impediment.

2. The freedom of expression can be limited by law in cases when it is necessary to prevent encouragement or provocation of violence and hostility on grounds of race, nationality, ethnicity or religion.

Article 41 [Right of Access to Public Documents]

1. Every person enjoys the right of access to public documents.

2. Documents of public institutions and organs of state authorities are public, except for information that is limited by law due to privacy, business trade secrets or security classification.

Article 42 [Freedom of Media]

1. Freedom and pluralism of media is guaranteed.

2. Censorship is forbidden. No one shall prevent the dissemination of information or ideas through media, except if it is necessary to prevent encouragement or provocation of violence and hostility on grounds of race, nationality, ethnicity or religion.

3. Everyone has the right to correct untrue, incomplete and inaccurate published information, if it violates her/his rights and interests in accordance with the law.

Article 43 [Freedom of Gathering]

Freedom of peaceful gathering is guaranteed. Every person has the right to organize gatherings, protests and demonstrations and the right to participate in them. These rights may be limited by law, if it is necessary to safeguard public order, public health, national security or the protection of the rights of others.

Article 44 [Freedom of Association]

1. The freedom of association is guaranteed. The freedom of association includes the right of everyone to establish an organization without obtaining any permission, to be or not to be a member of any organization and to participate in the activities of an organization.

2. The freedom to establish trade unions and to organize with the intent to protect interests is guaranteed. This right may be limited by law for specific categories of employees.

3. Organizations or activities that infringe on the constitutional order, violate human rights and freedoms or encourage racial, national, ethnic or religious hatred may be prohibited by a decision of a competent court.

Article 45 [Freedom of Election and Participation]

1. Every citizen of the Republic of Kosovo who has reached the age of eighteen, even if on the day of elections, has the right to elect and be elected, unless this right is limited by a court decision.

2. The vote is personal, equal, free and secret.

3. State institutions support the possibility of every person to participate in public activities and everyone's right to democratically influence decisions of public bodies.

Article 46 [Protection of Property]

1. The right to own property is guaranteed.

2. Use of property is regulated by law in accordance with the public interest.

3. No one shall be arbitrarily deprived of property. The Republic of Kosovo or a public authority of the Republic of Kosovo may expropriate property if such expropriation is authorized by law, is necessary or appropriate to the achievement of a public purpose or the promotion of the public interest, and is followed by the provision of immediate and adequate compensation to the person or persons whose property has been expropriated.

4. Disputes arising from an act of the Republic of Kosovo or a public authority of the Republic of Kosovo that is alleged to constitute an expropriation shall be settled by a competent court.

5. Intellectual property is protected by law.

Article 47 [Right to Education]

1. Every person enjoys the right to free basic education. Mandatory education is regulated by law and funded by public funds.

2. Public institutions shall ensure equal opportunities to education for everyone in accordance with their specific abilities and needs.

Article 48 [Freedom of Art and Science]

1. The freedom of artistic and scientific creativity is guaranteed.

2. Academic freedom is guaranteed.

Article 49 [Right to Work and Exercise Profession]

1. The right to work is guaranteed.

2. Every person is free to choose his/her profession and occupation.

Article 50 [Rights of Children]

1. Children enjoy the right to protection and care necessary for their wellbeing.

2. Children born out of wedlock have equal rights to those born in marriage.

3. Every child enjoys the right to be protected from violence, maltreatment and exploitation.

4. All actions undertaken by public or private authorities concerning children shall be in the best interest of the children.

5. Every child enjoys the right to regular personal relations and direct contact with parents, unless a competent institution determines that this is in contradiction with the best interest of the child.

Article 51 [Health and Social Protection]

1. Healthcare and social insurance are regulated by law.

2. Basic social insurance related to unemployment, disease, disability and old age shall be regulated by law.

Article 52 [Responsibility for the Environment]

1. Nature and biodiversity, environment and national inheritance are everyone's responsibility.

2. Everyone should be provided an opportunity to be heard by public institutions and have their opinions considered on issues that impact the environment in which they live.

3. The impact on the environment shall be considered by public institutions in their decision making processes.

Article 53 [Interpretation of Human Rights Provisions]

Human rights and fundamental freedoms guaranteed by this Constitution shall be interpreted consistent with the court decisions of the European Court of Human Rights.

Article 54 [Judicial Protection of Rights]

Everyone enjoys the right of judicial protection if any right guaranteed by this Constitution or by law has been violated or denied and has the right to an effective legal remedy if found that such right has been violated.

Article 55 [Limitations on Fundamental Rights and Freedoms]

1. Fundamental rights and freedoms guaranteed by this Constitution may only be limited by law.

2. Fundamental rights and freedoms guaranteed by this Constitution may be limited to the extent necessary for the fulfillment of the purpose of the limitation in an open and democratic society.

3. Fundamental rights and freedoms guaranteed by this Constitution may not be limited for purposes other than those for which they were provided.

4. In cases of limitations of human rights or the interpretation of those limitations; all public authorities, and in particular courts, shall pay special attention to the essence of the right limited, the importance of the purpose of the limitation, the nature and extent of the limitation, the relation between the limitation and the purpose to be achieved and the review of the possibility of achieving the purpose with a lesser limitation.

5. The limitation of fundamental rights and freedoms guaranteed by this Constitution shall in no way deny the essence of the guaranteed right.

Article 56 [Fundamental Rights and Freedoms During a State of Emergency]

1. Derogation of the fundamental rights and freedoms protected by this Constitution may only occur following the declaration of a State of Emergency as provided by this Constitution and only to the extent necessary under the relevant circumstances.

2. Derogation of the fundamental rights and freedoms guaranteed by Articles 23, 24, 25, 27, 28, 29, 31, 33, 34, 37 and 38 of this Constitution shall not be permitted under any circumstances.

Chapter III   Rights of Communities and Their Members

Article 57   [General Principles]

1. Inhabitants belonging to the same national or ethnic, linguistic, or religious group traditionally present on the territory of the Republic of Kosovo (Communities) shall have specific rights as set forth in this Constitution in addition to the human rights and fundamental freedoms provided in chapter II of this Constitution.

2. Every member of a community shall have the right to freely choose to be treated or not to be treated as such and no discrimination shall result from this choice or from the exercise of the rights that are connected to that choice.

3. Members of Communities shall have the right to freely express, foster and develop their identity and community attributes.

4. The exercise of these rights shall carry with it duties and responsibilities to act in accordance with the law of the Republic of Kosovo and shall not violate the rights of others.

Article 58   [Responsibilities of the State]

1. The Republic of Kosovo ensures appropriate conditions enabling communities, and their members to preserve, protect and develop their identities. The Government shall particularly support cultural initiatives from communities and their members, including through financial assistance.

2. The Republic of Kosovo shall promote a spirit of tolerance, dialogue and support reconciliation among communities and respect the standards set forth in the Council of Europe Framework Convention for the Protection of National Minorities and the European Charter for Regional or Minority Languages.

3. The Republic of Kosovo shall take all necessary measures to protect persons who may be subject to threats or acts of discrimination, hostility or violence as a result of their national, ethnic, cultural, linguistic or religious identity.

4. The Republic of Kosovo shall adopt adequate measures as may be necessary to promote, in all areas of economic, social, political and cultural life, full and effective equality among members of communities. Such measures shall not be considered to be an act of discrimination.

5. The Republic of Kosovo shall promote the preservation of the cultural and religious heritage of all communities as an integral part of the heritage of Kosovo. The Republic of Kosovo shall have a special duty to ensure an effective protection of the entirety of sites and monuments of cultural and religious significance to the communities.

6. The Republic of Kosovo shall take effective actions against all those undermining the enjoyment of the rights of members of Communities. The Republic of Kosovo shall refrain from policies or practices aimed at assimilation of persons belonging to Communities against their will, and shall protect these persons from any action aimed at such assimilation.

7. The Republic of Kosovo ensures, on a non-discriminatory basis, that all communities and their members may exercise their rights specified in this Constitution.

Article 59 [Rights of Communities and their Members]

Members of communities shall have the right, individually or in community, to:

(1) express, maintain and develop their culture and preserve the essential elements of their identity, namely their religion, language, traditions and culture;

(2) receive public education in one of the official languages of the Republic of Kosovo of their choice at all levels;

(3) receive pre-school, primary and secondary public education, in their own language to the extent prescribed by law, with the thresholds for establishing specific classes or schools for this purpose being lower than normally stipulated for educational institutions;

(4) establish and manage their own private educational and training establishments for which public financial assistance may be granted, in accordance with the law and international standards;

(5) use their language and alphabet freely in private and in public;

(6) Use their language and alphabet in their relations with the municipal authorities or local offices of central authorities in areas where they represent a sufficient share of the population in accordance with the law. The costs incurred by the use of an interpreter or a translator shall be borne by the competent authorities;

(7) use and display community symbols, in accordance with the law and international standards;

(8) have personal names registered in their original form and in the script of their language as well as revert to original names that have been changed by force;

(9) have local names, street names and other topographical indications which reflect and are sensitive to the multi-ethnic and multi-linguistic character of the area at issue;

(10) have guaranteed access to, and special representation in, public broadcast media as well as programming in their language, in accordance with the law and international standards;

(11) to create and use their own media, including to provide information in their language through, among others, daily newspapers and wire services and the use of a reserved number of frequencies for electronic media in accordance with the law and international standards. The Republic of Kosovo shall take all measures necessary to secure an international frequency plan to allow the Kosovo Serb Community access to a licensed Kosovo-wide independent Serbian language television channel;

(12) enjoy unhindered contacts among themselves within the Republic of Kosovo and establish and maintain free and peaceful contacts with persons in any State, in particular those with whom they share an ethnic, cultural, linguistic or religious identity, or a common cultural heritage, in accordance with the law and international standards;

(13) enjoy unhindered contacts with, and participate without discrimination in the activities of local, regional and international non-governmental organizations;

(14) establish associations for culture, art, science and education as well as scholarly and other associations for the expression, fostering and development of their identity.

Article 60 [Consultative Council for Communities]

1. A Consultative Council for Communities acts under the authority of the President of the Republic of Kosovo in which all Communities shall be represented.

2. The Consultative Council for Communities shall be composed, among others, of representatives of associations of Communities.

3. The mandate of the Consultative Council for Communities shall:

    (1) provide a mechanism for regular exchange between the Communities and the Government of Kosovo.

    (2) afford to the Communities the opportunity to comment at an early stage on legislative or policy initiatives that may be prepared by the Government, to suggest such initiatives, and to seek to have their views incorporated in the relevant projects and programs.

    (3) have any other responsibilities and functions as provided in accordance with law.

Article 61 [Representation in Public Institutions Employment]

Communities and their members shall be entitled to equitable representation in employment in public bodies and publicly owned enterprises at all levels, including in particular in the police service in areas inhabited by the respective Community, while respecting the rules concerning competence and integrity that govern public administration.

Article 62   [Representation in the Institutions of Local Government]

1. In municipalities where at least ten per cent (10%) of the residents belong to Communities not in the majority in those municipalities, a post of Vice President of the Municipal Assembly for Communities shall be reserved for a representative of these communities.

2. The position of Vice President shall be held by the non-majority candidate who received the most votes on the open list of candidates for election to the Municipal Assembly.

3. The Vice President for Communities shall promote inter-Community dialogue and serve as formal focal point for addressing non-majority Communities' concerns and interests in meetings of the Assembly and its work. The Vice President shall also be responsible for reviewing claims by Communities or their members that the acts or decisions of the Municipal Assembly violate their constitutionally guaranteed rights. The Vice President shall refer such matters to the Municipal Assembly for its reconsideration of the act or decision.

4. In the event the Municipal Assembly chooses not to reconsider its act or decision, or the Vice President deems the result, upon reconsideration, to still present a violation of a constitutionally guaranteed right, the Vice President may submit the matter directly to the Constitutional Court, which may decide whether or not to accept the matter for review.

5. In these municipalities, representation for non-majority Communities in the Republic of Kosovo in the municipal executive body is guaranteed.

Chapter IV   Assembly of the Republic of Kosovo

Article 63   [General Principles]

The Assembly is the legislative institution of the Republic of Kosovo directly elected by the people.

Article 64   [Structure of Assembly]

1. The Assembly has one hundred twenty (120) deputies elected by secret ballot on the basis of open lists. The seats in the Assembly are distributed amongst all parties, coalitions, citizens' initiatives and independent candidates in proportion to the number of valid votes received by them in the election to the Assembly.

2. In the framework of this distribution, twenty (20) of the one hundred twenty (120) seats are guaranteed for representation of communities that are not in the majority in Kosovo as follows:

    (1) Parties, coalitions, citizens' initiatives and independent candidates having declared themselves representing the Kosovo Serb Community shall have the total number of seats won through the open election, with a minimum ten (10) seats guaranteed if the number of seats won is less than ten (10);

    (2) Parties, coalitions, citizens' initiatives and independent candidates having declared themselves representing the other Communities shall have the total number of seats won through the open election, with a minimum number of seats in the Assembly guaranteed as follows: the Roma community, one (1) seat; the Ashkali community, one (1) seat; the Egyptian community, one (1) seat; and one (1) additional seat will be awarded to either the Roma, the Ashkali or the Egyptian community with the highest overall votes; the Bosnian community, three (3) seats; the Turkish community, two (2) seats; and the Gorani community, one (1) seat if the number of seats won by each community is less than the number guaranteed.

Article 65   [Competencies of the Assembly]

The Assembly of the Republic of Kosovo:

(1)   adopts laws, resolutions and other general acts;

(2)   decides to amend the Constitution by two thirds (2/3) of all its deputies including two thirds (2/3) of all deputies holding seats reserved and guaranteed for representatives of communities that are not in the majority in Kosovo;

(3)   announces referenda in accordance with the law;

(4)   ratifies international treaties;

(5) approves the budget of the Republic of Kosovo;

(6) elects and dismisses the President and Deputy Presidents of the Assembly;

(7) elects and may dismiss the President of the Republic of Kosovo in accordance with this Constitution;

(8) elects the Government and expresses no confidence in it;

(9) oversees the work of the Government and other public institutions that report to the Assembly in accordance with the Constitution and the law;

(10) elects members of the Kosovo Judicial Council and the Kosovo Prosecutorial Council in accordance with this Constitution;

(11) proposes the judges for the Constitutional Court;

(12) oversees foreign and security policies;

(13) gives consent to the President's decree announcing a State of Emergency;

(14) decides in regard to general interest issues as set forth by law.

Article 66 [Election and Mandate]

1. The Assembly of Kosovo shall be elected for a mandate of four (4) years, starting from the day of the constitutive session, which shall be held within thirty (30) days from the official announcement of the election results.

2. Regular elections for the Assembly shall be held no later than thirty (30) days before the end of the mandate or, when the Assembly has been dissolved, no later than forty-five (45) days after the dissolution.

3. The President of the Republic of Kosovo shall convene the constitutive session of the Assembly. If the President of the Republic of Kosovo is unable to convene the initial session, the Assembly shall be convened without the President's participation.

4. The Mandate of the Assembly of Kosovo may be extended only in a State of Emergency for emergency defense measures or for danger to the Constitutional order or to public safety of the Republic of Kosovo and only for as long as the State of Emergency continues as regulated by this Constitution.

5. The election conditions, constituencies and procedures are determined by law.

Article 67 [Election of the President and Deputy Presidents]

1. The Assembly of Kosovo elects the President of the Assembly and five (5) Deputy Presidents from among its deputies.

2. The President of the Assembly is proposed by the largest parliamentary group and is elected by a majority vote of all deputies of the Assembly.

3. Three (3) Deputy Presidents proposed by the three largest parliamentary groups are elected by a majority vote of all deputies of the Assembly.

4. Two (2) Deputy Presidents represent non-majority communities in the Assembly and are elected by a majority vote of all deputies of the Assembly. One (1) Deputy President shall belong to the deputies of the Assembly holding seats reserved or guaranteed for the Serb community, and one (1) Deputy shall belong to deputies of the Assembly holding seats reserved or guaranteed for other communities that are not in the majority.

5. The President and Deputy Presidents of the Assembly are dismissed by a vote of two thirds (2/3) of all deputies of the Assembly.

6. The President and the Deputy Presidents form the Presidency of the Assembly. The Presidency is responsible for the administrative operation of the Assembly as provided in the Rules of Procedure of the Assembly.

7. The President of the Assembly:

    (1) represents the Assembly;

    (2) sets the agenda, convenes and chairs the sessions;

    (3) signs acts adopted by the Assembly;

    (4) exercises other functions in accordance with this Constitution and the Rules of Procedure of the Assembly.

8. When the President of the Assembly is absent or is unable to exercise the function, one of the Deputy Presidents will serve as President of the Assembly.

Article 68 [Sessions]

1. Meetings of the Assembly of Kosovo are public.

2. Meetings of the Assembly of Kosovo may be closed upon the request of the President of the Republic of Kosovo, the Prime Minister or one third (1/3) of the deputies of the Assembly as set forth by the Rules of Procedure of the Assembly. The decision shall be made in an open and transparent manner and must be adopted by two thirds (2/3) vote of the deputies of Assembly present and voting.

Article 69 [Schedule of Sessions and Quorum]

1. The Assembly of Kosovo conducts its annual work in two sessions.

2. The Spring Session begins on the third Monday of January and the Autumn session begins on the second Monday of September.

3. The Assembly of Kosovo has its quorum when more than one half (1/2) of all Assembly deputies are present.

4. The Assembly of Kosovo convenes an extraordinary meeting upon the request of the President of the Republic of Kosovo, the Prime Minister or one third (1/3) of the deputies.

Article 70 [Mandate of the Deputies]

1. Deputies of the Assembly are representatives of the people and are not bound by any obligatory mandate.

2. The mandate of each deputy of the Assembly of Kosovo begins on the day of the certification of the election results.

3. The mandate of a deputy of the Assembly comes to an end or becomes invalid when:

    (1) the deputy does not take the oath;

    (2) the deputy resigns;

    (3) the deputy becomes a member of the Government of Kosovo;

    (4) the mandate of the Assembly comes to an end;

    (5) the deputy is absent from the Assembly for more than six (6) consecutive months. In special cases, the Assembly of Kosovo can decide otherwise;

    (6) the deputy is convicted and sentenced to one or more years imprisonment by a final court decision of committing a crime;

    (7) the deputy dies.

4. Vacancies in the Assembly will be filled immediately in a manner consistent with this Constitution and as provided by law.

Article 71 [Qualification and Gender Equality]

1. Every citizen of the Republic of Kosovo who is eighteen (18) years or older and meets the legal criteria is eligible to become a candidate for the Assembly.

2. The composition of the Assembly of Kosovo shall respect internationally recognized principles of gender equality.

Article 72 [Incompatibility]

A member of the Assembly of Kosovo shall neither keep any executive post in the public administration or in any publicly owned enterprise nor exercise any other executive function as provided by law.

Article 73 [Ineligibility]

1. The following cannot be candidates or be elected as deputies of the Assembly without prior resignation from their duty:

    (1) judges and prosecutors;

    (2) members of the Kosovo Security Force;

    (3) members of the Kosovo Police;

    (4) members of the Customs Service of Kosovo;

    (5) members of the Kosovo Intelligence Agency;

    (6) heads of independent agencies;

    (7) diplomatic representatives;

    (8) chairpersons and members of the Central Election Commission.

2. Persons deprived of legal capacity by a final court decision are not eligible to become candidates for deputies of the Assembly.

3. Mayors and other officials holding executive responsibilities at the municipal level of municipalities cannot be elected as deputies of the Assembly without prior resignation from their duty.

Article 74 [Exercise of Function]

Deputies of the Assembly of Kosovo shall exercise their function in best interest of the Republic of Kosovo and pursuant to the Constitution, Laws and Rules of Procedure of the Assembly.

Article 75 [Immunity]

1. Deputies of the Assembly shall be immune from prosecution, civil lawsuit and dismissal for actions or decisions that are within the scope of their responsibilities as deputies of the Assembly. The immunity shall not prevent the criminal prosecution of deputies of the Assembly for actions taken outside of the scope of their responsibilities as deputies of the Assembly.

2. A member of the Assembly shall not be arrested or otherwise detained while performing her/his duties as a member of the Assembly without the consent of the majority of all deputies of the Assembly.

Article 76 [Rules of Procedure]

The Rules of Procedure of the Assembly are adopted by two thirds (2/3) vote of all its deputies and shall determine the internal organization and method of work for the Assembly.

Article 77 [Committees]

1. The Assembly of Kosovo appoints permanent committees, operational committees and ad hoc committees reflecting the political composition of the Assembly.

2. On the request of one third (1/3) of all of the deputies, the Assembly appoints committees for specific matters, including investigative matters.

3. At least one vice chair of each parliamentary committee shall be from the deputies of a Community different from the Community of the chair.

4. Competencies and procedures of the committees are defined in the Rules of Procedure of the Assembly.

Article 78 [Committee on Rights and Interests of Communities]

1. The Committee on Rights and Interests of Communities is a permanent committee of the Assembly. This committee is composed of one third (1/3) of members who represent the group of deputies of the Assembly holding seats reserved or guaranteed for the Serbian Community, one third (1/3) of members who represent the group of deputies of the Assembly holding seats reserved or guaranteed for other communities that are not in the majority and one third (1/3) of members from the majority community represented in the Assembly.

2. At the request of any member of the Presidency of the Assembly, any proposed law shall be submitted to the Committee on Rights and Interests of Communities. The Committee, by a majority vote of its members, shall decide whether to make recommendations regarding the proposed law within two weeks.

3. To ensure that community rights and interests are adequately addressed, the Committee may submit recommendations to another relevant committee or to the Assembly.

4. The Committee may, on its own initiative, propose laws and such other measures within the responsibilities of the Assembly as it deems appropriate to address the concerns of Communities. Members may issue individual opinions.

5. A matter may be referred to the Committee for an advisory opinion by the Presidency of the Assembly, another committee or a group composed of at least ten (10) deputies of the Assembly.

Article 79 [Legislative Initiative]

The initiative to propose laws may be taken by the President of the Republic of Kosovo from his/her scope of authority, the Government, deputies of the Assembly or at least ten thousand citizens as provided by law.

Article 80 [Adoption of Laws]

1. Laws, decisions and other acts are adopted by the Assembly by a majority vote of deputies present and voting, except when otherwise provided by the Constitution.

2. Laws adopted by the Assembly are signed by the President of the Assembly of Kosovo and promulgated by the President of the Republic of Kosovo upon her/his signature within eight (8) days from receipt.

3. If the President of the Republic of Kosovo returns a law to the Assembly, he/she should state the reasons of return. The President of the Republic of Kosovo may exercise this right of return only once per law.

4. The Assembly decides to adopt a law returned by the President of the Republic of Kosovo by a majority vote of all its deputies and such a law shall be considered promulgated.

5. If the President of the Republic of Kosovo does not make any decision for the promulgation or return of a law within eight (8) days from its receipt, such a law shall be considered promulgated without her/his signature and shall be published in the Official Gazette.

6. A law enters into force fifteen (15) days after its publication in the Official Gazette of the Republic of Kosovo, except when otherwise specified by the law itself.

Article 81 [Legislation of Vital Interest]

1. The following laws shall require for their adoption, amendment or repeal both the majority of the Assembly deputies present and voting and the majority of the Assembly deputies present and voting holding seats reserved or guaranteed for representatives of Communities that are not in the majority:

    (1) Laws changing municipal boundaries, establishing or abolishing municipalities, defining the scope of powers of municipalities and their participation in inter-municipal and cross-border relations;

    (2) Laws implementing the rights of Communities and their members, other than those set forth in the Constitution;

    (3) Laws on the use of language;

    (4) Laws on local elections;

(5) Laws on protection of cultural heritage;

(6) Laws on religious freedom or on agreements with religious communities;

(7) Laws on education;

(8) Laws on the use of symbols, including Community symbols and on public holidays.

2. None of the laws of vital interest may be submitted to a referendum.

Article 82 [Dissolution of the Assembly]

1. The Assembly shall be dissolved in the following cases:

    (1) if the government cannot be established within sixty (60) days from the date when the President of the Republic of Kosovo appoints the candidate for Prime Minister;

    (2) if two thirds (2/3) of all deputies vote in favor of dissolution, the Assembly shall be dissolved by a decree of the President of the Republic of Kosovo;

    (3) if the President of the Republic of Kosovo is not elected within sixty (60) days from the date of the beginning of the president's election procedure.

2. The Assembly may be dissolved by the President of the Republic of Kosovo following a successful vote of no confidence against the Government.

Chapter V President of the Republic of Kosovo

Article 83 [Status of the President]

The President is the head of state and represents the unity of the people of the Republic of Kosovo.

Article 84 [Competencies of the President]

The President of the Republic of Kosovo:

(1) represents the Republic of Kosovo, internally and externally;

(2) guarantees the constitutional functioning of the institutions set forth by this Constitution;

(3) announces elections for the Assembly of Kosovo and convenes its first meeting;

(4) issues decrees in accordance with this Constitution;

(5) promulgates laws approved by the Assembly of Kosovo;

(6) has the right to return adopted laws for re-consideration, when he/she considers them to be harmful to the legitimate interests of the Republic of Kosovo or one or more Communities. This right can be exercised only once per law;

(7) signs international agreements in accordance with this Constitution ;

(8) proposes amendments to this Constitution;

(9) may refer constitutional questions to the Constitutional Court.

(10) leads the foreign policy of the country;

(11) receives credentials of heads of diplomatic missions accredited to the Republic of Kosovo;

(12) is the Commander-in-Chief of the Kosovo Security Force;

(13) leads the Consultative Council for Communities;

(14) appoints the candidate for Prime Minister for the establishment of the Government after proposal by the political party or coalition holding the majority in the Assembly;

(15) appoints and dismisses the President of the Supreme Court of the Republic of Kosovo upon the proposal of the Kosovo Judicial Council;

(16) appoints and dismisses judges of the Republic of Kosovo upon the proposal of the Kosovo Judicial Council;

(17) appoints and dismisses the Chief Prosecutor of the Republic of Kosovo upon the proposal of the Kosovo Prosecutorial Council;

(18) appoints and dismisses prosecutors of the Republic of Kosovo upon the proposal of the Kosovo Prosecutorial Council;

(19) appoints judges to the Constitutional Court upon the proposal of the Assembly;

(20) appoints the Commander of the Kosovo Security Force upon recommendation of the Government;

(21) with the Prime Minister, jointly appoints the Director, Deputy Director and Inspector General of the Kosovo Intelligence Agency;

(22) decides to declare a State of Emergency in consultation with the Prime Minister;

(23) may request meetings of the Kosovo Security Council and chairs them during a State of Emergency;

(24) decides on the establishment of diplomatic and consular missions of the Republic of Kosovo in consultation with the Prime Minister;

(25) appoints and dismisses heads of diplomatic missions of the Republic of Kosovo upon the proposal of the Government;

(26) appoints the Chair of the Central Election Commission;

(27) appoints the Governor of the Central Bank of the Republic of Kosovo who will also act as its Managing Director, and appoints the other members of the Bank's Board;

(28) grants medals, titles of gratitude, and awards in accordance with the law;

(29) grants individual pardons in accordance with the law;

(30) addresses the Assembly of Kosovo at least once a year in regard to her/his scope of authority.

Article 85 [Qualification for Election of the President]

Every citizen of the Republic of Kosovo who is thirty five (35) years old or older may be elected President of the Republic of Kosovo.

Article 86 [Election of the President]

1. The President of the Republic of Kosovo shall be elected by the Assembly in secret ballot.

2. The election of the President of the Republic of Kosovo shall take place no later than thirty (30) days before the end of the current president's term of office.

3. Every eligible citizen of the Republic of Kosovo may be nominated as a candidate for President of the Republic of Kosovo, provided he/she presents the signatures of at least thirty (30) deputies of the Assembly of Kosovo. Deputies of the Assembly can only sign for one candidate for the President of the Republic.

4. The President of the Republic of Kosovo shall be elected by a two thirds (2/3) majority of all deputies of the Assembly.

5. If a two thirds (2/3) majority is not reached by any candidate in the first two ballots, a third ballot takes place between the two candidates who received the highest number of votes in the second ballot, and the candidate who receives the majority of all deputies of the Assembly shall be elected as President of the Republic of Kosovo.

6. If none of the candidates is elected as President of the Republic of Kosovo in the third ballot, the Assembly shall dissolve and new elections shall take place within forty five (45) days.

Article 87   [Mandate and Oath]

1. The President of the Republic of Kosovo begins her/his term of office after taking the oath before the Assembly of Kosovo. The text of the Oath will be provided by law.

2. The President's term of office is five (5) years.

3. Upon completion of his/her first term of office, the President of the Republic of Kosovo may be re-elected only once.

Article 88   [Incompatibility]

1. The President shall not exercise any other public function.

2. After election, the President cannot exercise any political party functions.

Article 89   [Immunity]

The President of the Republic of Kosovo shall be immune from prosecution, civil lawsuit and dismissal for actions or decisions that are within the scope of responsibilities of the President of the Republic of Kosovo.

Article 90   [Temporary Absence of the President]

1. If the President of the Republic of Kosovo is temporarily unable to fulfill her/his responsibilities, he/she may voluntarily transfer the duties of the position to the President

of the Assembly who shall then serve as Acting President of the Republic of Kosovo. The President's order of transfer shall state in particular the reason for the transfer and the duration of the transfer if known. The President of the Republic of Kosovo shall resume exercise of the duties of the position when she/he is able to do so and the President of the Assembly shall relinquish the position as Acting President.

2. When there is no voluntary transfer of power, the Assembly of the Republic of Kosovo determines by two thirds (2/3) vote of all deputies, after consultation with the medical consultants team, that the President of the Republic of Kosovo is temporarily unable to fulfill his/her responsibilities. The President of the Assembly shall serve as Acting President until the President of the Republic of Kosovo is able to resume carrying out her/his duties as President.

3. The position of Acting President of the Republic of Kosovo may not be exercised for a period longer than six (6) months.

Article 91 [Dismissal of the President]

1. The President of the Republic of Kosovo may be dismissed by the Assembly if he/she has been convicted of a serious crime or if she/he is unable to exercise the responsibilities of office due to serious illness or if the Constitutional Court has determined that he/she has committed a serious violation of the Constitution.

2. The procedure for dismissal of the President of the Republic of Kosovo may be initiated by one third (1/3) of the deputies of the Assembly who shall sign a petition explaining the reasons for dismissal. If the petition alleges serious illness, the Assembly shall consult the medical consultants team on the status of the President's health. If the petition alleges serious violation of the Constitution, the petition shall be immediately submitted to the Constitutional Court, which shall decide the matter within seven (7) days from the receipt of the petition.

3. If the President of the Republic of Kosovo has been convicted of a serious crime or if the Assembly in compliance with this article determines that the President is unable to exercise her/his responsibilities due to serious illness, or if the Constitutional Court has determined that he/she has seriously violated the Constitution, the Assembly may dismiss the President by two thirds (2/3) vote of all its deputies.

Chapter VI   Government of the Republic of Kosovo

Article 92   [General Principles]

1. The Government consists of the Prime Minister, deputy prime minister(s) and ministers.

2. The Government of Kosovo exercises the executive power in compliance with the Constitution and the law.

3. The Government implements laws and other acts adopted by the Assembly of Kosovo and exercises other activities within the scope of responsibilities set forth by the Constitution and the law.

4. The Government makes decisions in accordance with this Constitution and the laws, proposes draft laws, proposes amendments to existing laws or other acts and may give its opinion on draft laws that are not proposed by it.

Article 93   [Competencies of the Government]

The Government has the following competencies:

(1)   proposes and implements the internal and foreign policies of the country;

(2)   promotes the economic development of the country;

(3)   proposes draft laws and other acts to the Assembly;

(4)   makes decisions and issues legal acts or regulations necessary for the implementation of laws;

(5)   proposes the budget of the Republic of Kosovo;

(6)   guides and oversees the work of administration bodies;

(7)   guides the activities and the development of public services;

(8)   proposes to the President of the Republic of Kosovo the appointment and dismissal of the heads of diplomatic missions of the Republic of Kosovo;

(9)   proposes amendments to the Constitution;

(10)   may refer Constitutional questions to the Constitutional Court;

(11)   exercises other executive functions not assigned to other central or local level bodies.

Article 94 [Competencies of the Prime Minister]

The Prime Minister has the following competencies:

(1) represents and leads the Government;

(2) ensures that all Ministries act in accordance with government policies;

(3) ensures the implementation of laws and policies determined by the Government;

(4) may change members of the Government without the consent of the Assembly;

(5) chairs the Kosovo Security Council;

(6) appoints the Kosovo Police General Director;

(7) consults with the President of the Republic of Kosovo on matters of intelligence;

(8) in cooperation with the President, jointly appoints the Director, Deputy Director and Inspector General of the Kosovo Intelligence Agency;

(9) consults with the President on the implementation of the foreign policy of the country;

(10) performs other duties as set forth by the Constitution and the law.

Article 95 [Election of the Government]

1. After elections, the President of the Republic of Kosovo proposes to the Assembly a candidate for Prime Minister, in consultation with the political party or coalition that has won the majority in the Assembly necessary to establish the Government.

2. The candidate for Prime Minister, not later than fifteen (15) days from appointment, presents the composition of the Government to the Assembly and asks for Assembly approval.

3. The Government is considered elected when it receives the majority vote of all deputies of the Assembly of Kosovo.

4. If the proposed composition of the Government does not receive the necessary majority of votes, the President of the Republic of Kosovo appoints another candidate with the same procedure within ten (10) days. If the Government is not elected for the second time, the President of the Republic of Kosovo announces elections, which shall be held not later than forty (40) days from the date of announcement.

5. If the Prime Minister resigns or for any other reason the post becomes vacant, the Government ceases and the President of the Republic of Kosovo appoints a new candidate in consultation with the majority party or coalition that has won the majority in the Assembly to establish the Government.

6. After being elected, members of the Government shall take an Oath before the Assembly. The text of the Oath will be provided by law.

Article 96 [Ministries and Representation of Communities]

1. Ministries and other executive bodies are established as necessary to perform functions within the powers of the Government.

2. The number of members of Government is determined by an internal act of the Government.

3. There shall be at least one (1) Minister from the Kosovo Serb Community and one (1) Minister from another Kosovo non-majority Community. If there are more than twelve (12) Ministers, the Government shall have a third Minister representing a Kosovo non-majority Community.

4. There shall be at least two (2) Deputy Ministers from the Kosovo Serb Community and two (2) Deputy Ministers from other Kosovo non-majority Communities. If there are more than twelve (12) Ministers, the Government shall have a third Deputy Minister representing the Kosovo Serb Community and a third Deputy Minister representing another Kosovo non-majority Community.

5. The selection of these Ministers and Deputy Ministers shall be determined after consultations with parties, coalitions or groups representing Communities that are not in the majority in Kosovo. If appointed from outside the membership of the Kosovo Assembly, these Ministers and Deputy Ministers shall require the formal endorsement of the majority of Assembly deputies belonging to parties, coalitions, citizens' initiatives and independent candidates having declared themselves to represent the Community concerned.

6. The Prime Minister, Deputy Prime Minister(s) and Ministers of the Government may be elected from the deputies of the Assembly of Kosovo or may be qualified people who are not deputies of the Assembly.

7. The incompatibilities of the members of the Government as to their functions shall be regulated by law.

Article 97 [Responsibilities]

1. The Government is accountable to the Assembly of Kosovo regarding its work.

2. The Prime Minister, deputy prime minister(s) and ministers are jointly accountable for the decisions made by the Government and individually accountable for decisions made in their fields of responsibility.

Article 98 [Immunity]

Members of the Government shall be immune from prosecution, civil lawsuit and dismissal for actions or decisions that are within the scope of their responsibilities as members of the Government.

Article 99 [Procedures]

The methods of work and decision making procedures of the Government shall be regulated by law and regulations.

Article 100 [Motion of No Confidence]

1. A motion of no confidence may be presented against the Government on the proposal of one third (1/3) of all the deputies of the Assembly.

2. A vote of confidence for the Government may be requested by the Prime Minister.

3. The motion of no confidence shall be placed on the Assembly agenda no later than five (5) days nor earlier than two (2) days from the date it was presented.

4. The motion of no confidence is considered accepted when adopted by a majority vote of all deputies of the Assembly of Kosovo.

5. If a motion of no confidence fails, a subsequent motion for no confidence may not be raised during the next ninety (90) days.

6. If a motion of no confidence against the Government prevails, the Government is considered dismissed.

Article 101 [Civil Service]

1. The composition of the civil service shall reflect the diversity of the people of Kosovo and take into account internationally recognized principles of gender equality.

2. An independent oversight board for civil service shall ensure the respect of the rules and principles governing the civil service, and shall itself reflect the diversity of the people of the Republic of Kosovo.

Chapter VII   Justice System

Article 102   [General Principles of the Judicial System]

1. Judicial power in the Republic of Kosovo is exercised by the courts.

2. The judicial power is unique, independent, fair, apolitical and impartial and ensures equal access to the courts.

3. Courts shall adjudicate based on the Constitution and the law.

4. Judges shall be independent and impartial in exercising their functions.

5. The right to appeal a judicial decision is guaranteed unless otherwise provided by law. The right to extraordinary legal remedies is regulated by law. The law may allow the right to refer a case directly to the Supreme Court, in which case there would be no right of appeal.

Article 103   [Organization and Jurisdiction of Courts]

1. Organization, functioning and jurisdiction of the Supreme Court and other courts shall be regulated by law.

2. The Supreme Court of Kosovo is the highest judicial authority.

3. At least fifteen percent (15%) of the judges of the Supreme Court, but not fewer than three (3) judges, shall be from Communities that are not in the majority in Kosovo.

4. The President of the Supreme Court of Kosovo shall be appointed and dismissed by the President of the Republic of Kosovo from among the judges of the Supreme Court for a non-renewable term of seven (7) years upon proposal by the Kosovo Judicial Council for the appointment or dismissal.

5. Presidents of all other courts shall be appointed in the manner provided by law.

6. At least fifteen percent (15%) of the judges from any other court established with appeal jurisdiction, but not fewer than two (2) judges, shall be from Communities that are not in the majority in Kosovo.

7. Specialized courts may be established by law when necessary, but no extraordinary court may ever be created.

Article 104   [Appointment and Removal of Judges]

1. The President of the Republic of Kosovo shall appoint, reappoint and dismiss judges upon the proposal of the Kosovo Judicial Council.

2. The composition of the judiciary shall reflect the ethnic diversity of Kosovo and internationally recognized principles of gender equality.

3. The composition of the courts shall reflect the ethnic composition of the territorial jurisdiction of the respective court. Before making a proposal for appointment or reappointment, the Kosovo Judicial Council consults with the respective court.

4. Judges may be removed from office upon conviction of a serious criminal offense or for serious neglect of duties.

5. A judge has the right to directly appeal a decision of dismissal to the Kosovo Supreme Court.

6. Judges may not be transferred against their will unless otherwise provided by law for the efficient operation of the judiciary or disciplinary measures.

Article 105   [Mandate and Reappointment]

1. The initial mandate for judges shall be three years. The reappointment mandate is permanent until the retirement age as determined by law or unless removed in accordance with law.

2. The criteria and procedures to reappoint a judge shall be determined by the Kosovo Judicial Council and they may be different in degree from the criteria used for the removal of judges.

Article 106   [Incompatibility]

1. A judge may not perform any function in any state institution outside of the judiciary, become involved in any political activity, or be involved in any other activity prohibited by law.

2. Judges are not permitted to assume any responsibilities or take on any functions that would in any way be inconsistent with the principles of independence and impartiality of the role of a judge.

Article 107   [Immunity]

1. Judges, including lay-judges, shall be immune from prosecution, civil lawsuit and dismissal for actions taken, decisions made or opinions expressed that are within the scope of their responsibilities as judges.

2. Judges, including lay-judges, shall not enjoy immunity and may be removed from office if they have committed an intentional violation of the law.

3. When a judge is indicted or arrested, notice must be given to the Kosovo Judicial Council without delay.

Article 108 [Kosovo Judicial Council]

1. The Kosovo Judicial Council shall ensure the independence and impartiality of the judicial system.

2. The Kosovo Judicial Council is a fully independent institution in the performance of its functions. The Kosovo Judicial Council shall ensure that the Kosovo courts are independent, professional and impartial and fully reflect the multi-ethnic nature of Kosovo and follow the principles of gender equality. The Kosovo Judicial Council shall give preference in the appointment of judges to members of Communities that are underrepresented in the judiciary as provided by law.

3. The Kosovo Judicial Council is responsible for recruiting and proposing candidates for appointment and reappointment to judicial office. The Kosovo Judicial Council is also responsible for transfer and disciplinary proceedings of judges.

4. Proposals for appointments of judges must be made on the basis of an open appointment process, on the basis of the merit of the candidates, and the proposals shall reflect principles of gender equality and the ethnic composition of the territorial jurisdiction of the respective court. All candidates must fulfill the selection criteria provided by law.

5. The Kosovo Judicial Council is responsible for conducting judicial inspections, judicial administration, developing court rules in accordance with the law, hiring and supervising court administrators, developing and overseeing the budget of the judiciary, determining the number of judges in each jurisdiction and making recommendations for the establishment of new courts. New courts shall be established according to law.

6. The Kosovo Judicial Council shall be composed of thirteen (13) members, all of whom shall possess relevant professional qualifications and expertise. Members shall be elected for a term of five (5) years and shall be chosen in the following manner:

    (1) five (5) members shall be judges elected by the members of the judiciary;

    (2) four (4) members shall be elected by deputies of the Assembly holding seats attributed during the general distribution of seats; at least two (2) of the four (4) must be judges and one (1) must be a member of the Kosovo Chamber of Advocates;

    (3) two (2) members shall be elected by the deputies of the Assembly holding reserved or guaranteed seats for the Kosovo Serb community and at least one of the two must be a judge;

    (4) two (2) members shall be elected by the deputies of the Assembly holding reserved or guaranteed seats for other Communities and at least one of the two must be a judge.

    (5) Incompatibilities with membership on the Kosovo Judicial Council shall be regulated by law.

7. The Kosovo Judicial Council elects from its members a Chair and Vice Chair each for a term of three (3) years. Election to these offices does not extend the mandate of the members of the Kosovo Judicial Council.

8. The Chair of the Kosovo Judicial Council addresses the Assembly of the Republic of Kosovo at least once a year regarding the Judicial System.

9. Candidates for judicial positions that are reserved for members of Communities that are not in the majority in Kosovo may only be recommended for appointment by the majority of members of the Council elected by Assembly deputies holding seats reserved or guaranteed for members of communities that are not in the majority in Kosovo. If this group of Council members fails to recommend a candidate for a judicial position in two consecutive sessions of the Council, any Council member may recommend a candidate for that position.

10. Candidates for judicial positions within basic courts, the jurisdiction of which exclusively includes the territory of one or more municipalities in which the majority of the population belongs to the Kosovo Serb community, may only be recommended for appointment by the two members of the Council elected by Assembly deputies holding seats reserved or guaranteed for the Serb Community in the Republic of Kosovo acting jointly and unanimously. If these two (2) members fail to recommend a judicial candidate for two consecutive sessions of the Kosovo Judicial Council, any Kosovo Judicial Council member may recommend a candidate for that position.

Article 109   [State Prosecutor]

1. The State Prosecutor is an independent institution with authority and responsibility for the prosecution of persons charged with committing criminal acts and other acts specified by law.

2. The State Prosecutor is an impartial institution and acts in accordance with the Constitution and the law.

3. The organization, competencies and duties of the State Prosecutor shall be defined by law.

4. The State Prosecutor shall reflect the multiethnic composition of the Republic of Kosovo and shall respect the principles of gender equality.

5. The mandate for prosecutors shall be three years. The reappointment mandate is permanent until the retirement age as determined by law or unless removed in accordance with law.

6. Prosecutors may be removed from office upon conviction of a serious criminal offense or for serious neglect of duties.

7. The Chief State Prosecutor shall be appointed and dismissed by the President of the Republic of Kosovo upon the proposal of the Kosovo Prosecutorial Council. The mandate of the Chief State Prosecutor is seven (7) years, without the possibility of reappointment.

Article 110 [Kosovo Prosecutorial Council]

1. The Kosovo Prosecutorial Council is a fully independent institution in the performance of its functions in accordance with law. The Kosovo Prosecutorial Council shall ensure that all persons have equal access to justice. The Kosovo Prosecutorial Council shall ensure that the State Prosecutor is independent, professional and impartial and reflects the multi-ethnic nature of Kosovo and the principles of gender equality.

2. The Kosovo Prosecutorial Council shall recruit, propose, promote, transfer, reappoint and discipline prosecutors in a manner provided by law. The Council shall give preference for appointment as prosecutors to members of underrepresented Communities as provided by law. All candidates shall fulfill the selection criteria as provided by law.

3. Proposals for appointments of prosecutors must be made on the basis of an open appointment process, on the basis of the merit of the candidates, and the proposals shall reflect principles of gender equality and the ethnic composition of the relevant territorial jurisdiction.

4. The composition of Kosovo Prosecutorial Council, as well as provisions regarding appointment, removal, term of office, organizational structure and rules of procedure, shall be determined by law.

Article 111 [Advocacy]

1. Advocacy is an independent profession, which shall provide services in the manner provided by law.

2. The manners by which the right of exercising the profession of the advocate is obtained and lost shall be determined by law.

Chapter VIII   Constitutional Court

Article 112   [General Principles]

1. The Constitutional Court is the final authority for the interpretation of the Constitution and the compliance of laws with the Constitution.

2. The Constitutional Court is fully independent in the performance of its responsibilities.

Article 113   [Jurisdiction and Authorized Parties]

1. The Constitutional Court decides only on matters referred to the court in a legal manner by authorized parties.

2. The Assembly of Kosovo, the President of the Republic of Kosovo, the Government, and the Ombudsperson are authorized to refer the following matters to the Constitutional Court:

    (1) the question of the compatibility with the Constitution of laws, of decrees of the President or Prime Minister, and of regulations of the Government;

    (2) the compatibility with the Constitution of municipal statutes.

3. The Assembly of Kosovo, the President of the Republic of Kosovo and the Government are authorized to refer the following matters to the Constitutional Court:

    (1) conflict among constitutional competencies of the Assembly of Kosovo, the President of the Republic of Kosovo and the Government of Kosovo;

    (2) compatibility with the Constitution of a proposed referendum;

    (3) compatibility with the Constitution of the declaration of a State of Emergency and the actions undertaken during the State of Emergency;

    (4) compatibility of a proposed constitutional amendment with binding international agreements ratified under this Constitution and the review of the constitutionality of the procedure followed;

    (5) questions whether violations of the Constitution occurred during the election of the Assembly.

4. A municipality may contest the constitutionality of laws or acts of the Government infringing upon their responsibilities or diminishing their revenues when municipalities are affected by such law or act.

5. Ten (10) or more deputies of the Assembly of Kosovo, within eight (8) days from the date of adoption, have the right to contest the constitutionality of any law or decision adopted by the Assembly as regards its substance and the procedure followed.

6. Thirty (30) or more deputies of the Assembly are authorized to refer the question of whether the President of the Republic of Kosovo has committed a serious violation of the Constitution.

7. Individuals are authorized to refer violations by public authorities of their individual rights and freedoms guaranteed by the Constitution, but only after exhaustion of all legal remedies provided by law.

8. The courts have the right to refer questions of constitutional compatibility of a law to the Constitutional Court when it is raised in a judicial proceeding and the referring court is uncertain as to the compatibility of the contested law with the Constitution and provided that the referring court's decision on that case depends on the compatibility of the law at issue.

9. The President of the Assembly of Kosovo refers proposed Constitutional amendments before approval by the Assembly to confirm that the proposed amendment does not diminish the rights and freedoms guaranteed by Chapter II of the Constitution.

10. Additional jurisdiction may be determined by law.

Article 114 [Composition and Mandate of the Constitutional Court]

1. The Constitutional Court shall be composed of nine (9) judges who shall be distinguished jurists of the highest moral character, with not less than ten (10) years of relevant professional experience. Other relevant qualifications shall be provided by law. Principles of gender equality shall be respected.

2. Judges shall be appointed by the President of the Republic of Kosovo upon the proposal of the Assembly and shall serve for a non-renewable mandate of nine (9) years.

3. The decision to propose seven (7) judges requires a two thirds (2/3) majority of the deputies of the Assembly present and voting. The decision on the proposals of the other two (2) judges shall require the majority vote of the deputies of the Assembly present and voting, but only upon the consent of the majority of the deputies of the Assembly holding seats reserved or guaranteed for representatives of the Communities not in the majority in Kosovo.

4 If the mandate of a judge ends before the end of the regular mandate, the appointment of the replacement judge shall be made in compliance with this article for a full mandate without the right to re-appointment.

5. The President and Deputy President of the Constitutional Court shall be elected from the judges of the Constitutional Court by a secret ballot of the judges of the Court for a term of three (3) years. Election to these offices shall not extend the regular mandate of the judge.

Article 115 [Organization of the Constitutional Court]

1. The Constitutional Court shall determine its internal organization, rules of procedure, decision-making processes and other organizational issues pursuant to law.

2. The Constitutional Court shall publish an annual report.

Article 116 [Legal Effect of Decisions]

1. Decisions of the Constitutional Court are binding on the judiciary and all persons and institutions of the Republic of Kosovo.

2. While a proceeding is pending before the Constitutional Court, the Court may temporarily suspend the contested action or law until the Court renders a decision if the Court finds that application of the contested action or law would result in unrecoverable damages.

3. If not otherwise provided by the Constitutional Court decision, the repeal of the law or other act or action is effective on the day of the publication of the Court decision.

4. Decisions of the Constitutional Court are published in the Official Gazette.

Article 117 [Immunity]

Judges of the Constitutional Court shall be immune from prosecution, civil lawsuit and dismissal for actions taken, decisions made or opinions expressed that are within the scope of their responsibilities as Judges of the Constitutional Court.

Article 118 [Dismissal]

Judges of the Constitutional Court may be dismissed by the President of the Republic of Kosovo upon the proposal of two thirds (2/3) of the judges of the Constitutional Court only for the commission of a serious crime or for serious neglect of duties.

Chapter IX   Economic Relations

Article 119   [General Principles]

1. The Republic of Kosovo shall ensure a favorable legal environment for a market economy, freedom of economic activity and safeguards for private and public property.

2. The Republic of Kosovo shall ensure equal legal rights for all domestic and foreign investors and enterprises.

3. Actions limiting free competition through the establishment or abuse of a dominant position or practices restricting competition are prohibited, unless explicitly allowed by law.

4. The Republic of Kosovo promotes the welfare of all of its citizens by fostering sustainable economic development.

5. The Republic of Kosovo shall establish independent market regulators where the market alone cannot sufficiently protect the public interest.

6. A foreign investor is guaranteed the right to freely transfer profit and invested capital outside the country in accordance with the law.

7. Consumer protection is guaranteed in accordance with the law.

8. Every person is required to pay taxes and other contributions as provided by law.

9. The Republic of Kosovo shall exercise its ownership function over any enterprise it controls consistently with the public interest, with a view to maximizing the long-term value of the enterprise.

10. Public service obligation may be imposed on such enterprises in accordance with the law, which shall also provide for a fair compensation.

Article 120   [Public Finances]

1. Public expenditure and the collection of public revenue shall be based on the principles of accountability, effectiveness, efficiency and transparency.

2. The conduct of fiscal policy at all levels of government shall be compatible with the conditions for low-inflationary and sustainable economic growth and employment creation.

3. Public borrowing shall be regulated by law and shall be compatible with economic stability and fiscal sustainability.

Article 121 [Property]

1. Types of property shall be defined by law.

2. Foreign natural persons and foreign organizations may acquire ownership rights over immovable property in accordance with such reasonable conditions as may be established by law or international agreement.

3. Foreign natural persons and foreign organizations may, in accordance with such reasonable conditions as may be established by law, acquire concession rights and other rights to use and/or exploit publicly owned resources, including natural resources, and publicly owned infrastructure.

Article 122 [Use of Property and Natural Resources]

1. The people of the Republic of Kosovo may, in accordance with such reasonable conditions as may be established by law, enjoy the natural resources of the Republic of Kosovo, but they may not infringe on the obligations stemming from international agreements on economic cooperation.

2. Natural resources such as water, air space, mineral resources and other natural resources including land, flora and fauna, other parts of nature, immovable property and other goods of special cultural, historic, economic and ecologic importance, which have been determined by law to be of special interest to the Republic of Kosovo, shall enjoy special protection in accordance with law.

3. Limitations on owners' rights and other exploitation rights on goods of special interest to the Republic of Kosovo and the compensation for such limitations shall be provided by law.

Chapter X Local Government and Territorial Organization

Article 123   [General Principles]

1. The right to local self-government is guaranteed and is regulated by law.

2. Local self-government is exercised by representative bodies elected through general, equal, free, direct, and secret ballot elections.

3. The activity of local self-government bodies is based on this Constitution and the laws of the Republic of Kosovo and respects the European Charter of Local Self-Government. The Republic of Kosovo shall observe and implement the European Charter on Local Self Government to the same extent as that required of a signatory state.

4. Local self-government is based upon the principles of good governance, transparency, efficiency and effectiveness in providing public services having due regard for the specific needs and interests of the Communities not in the majority and their members.

Article 124   [Local Self-Government Organization and Operation]

1. The basic unit of local government in the Republic of Kosovo is the municipality. Municipalities enjoy a high degree of local self-governance and encourage and ensure the active participation of all citizens in the decision-making process of the municipal bodies.

2. Establishment of municipalities, municipal boundaries, competencies and method of organization and operation shall be regulated by law.

3. Municipalities have their own, extended and delegated competencies in accordance with the law. The state authority which delegates competencies shall cover the expenditures incurred for the exercise of delegation.

4. Municipalities have the right of inter-municipal cooperation and cross-border cooperation in accordance with the law.

5. Municipalities have the right to decide, collect and spend municipal revenues and receive appropriate funding from the central government in accordance with the law.

6. Municipalities are bound to respect the Constitution and laws and to apply court decisions.

7. The administrative review of acts of municipalities by the central authorities in the area of their own competencies shall be limited to ensuring compatibility with the Constitution of the Republic of Kosovo and the law.

Chapter XI   Security Sector

Article 125   [General Principles]

1. The Republic of Kosovo has authority over law enforcement, security, justice, public safety, intelligence, civil emergency response and border control within its territory.

2. Security institutions in the Republic of Kosovo shall protect public safety and the rights of all people in the Republic of Kosovo. The institutions shall operate in full transparency and in accordance with internationally recognized democratic standards and human rights. Security institutions shall reflect the ethnic diversity of the population of the Republic of Kosovo.

3. The Republic of Kosovo fully respects all applicable international agreements and the relevant international law and cooperates with the international security bodies and regional counterparts.

4. Civilian and democratic control over security institutions shall be guaranteed.

5. The Assembly of the Republic of Kosovo oversees the budget and policies of the security institutions as provided by law.

Article 126   [Kosovo Security Force]

1. The Kosovo Security Force shall serve as a national security force for the Republic of Kosovo and may send its members abroad in full conformity with its international responsibilities.

2. The Kosovo Security Force shall protect the people and Communities of the Republic of Kosovo based on the competencies provided by law.

3. The President of the Republic of Kosovo is the Commander-in-Chief of the Kosovo Security Force, which shall always be subject to control by democratically elected civilian authorities.

4. The Kosovo Security Force shall be professional, reflect ethnic diversity of the people of the Republic of Kosovo and shall be recruited from among the citizens of the Republic of Kosovo.

5. The Commander of the Kosovo Security Force shall be appointed by the President of the Republic of Kosovo upon the recommendation of the Government. Internal organization of the Kosovo Security Force shall be determined by law.

Article 127   [Kosovo Security Council]

1. The Security Council of the Republic of Kosovo in cooperation with the President of the Republic of Kosovo and the Government develops the security strategy for the Republic of

Kosovo. The Security Council of the Republic of Kosovo shall also have an advisory role on all matters relating to security in the Republic of Kosovo.

2. The Security Council of the Republic of Kosovo shall be chaired by the Prime Minister with the support of the Government, except during a State of Emergency as provided by this Constitution.

3. The President of the Republic of Kosovo may require meetings of the Security Council of the Republic of Kosovo and the Council is obliged to closely coordinate its work with the President. The Security Council of the Republic of Kosovo shall closely cooperate with international authorities.

4. Members of the Security Council of the Republic of Kosovo shall be appointed and dismissed in a manner provided for by law.

Article 128   [Kosovo Police]

1. The Police of the Republic of Kosovo shall be responsible for the preservation of public order and safety throughout the territory of the Republic of Kosovo.

2. The Police shall be professional and reflect the ethnic diversity of the population of the Republic of Kosovo.

3. The Prime Minister shall appoint the Police Director General of the Republic of Kosovo upon the recommendation of the Government and in accordance with law. Internal organization of the Kosovo Police shall be provided by law.

4. The Police of the Republic of Kosovo shall have a unified chain of command throughout the Republic of Kosovo with police stations corresponding to municipal boundaries. The Kosovo Police shall facilitate cooperation with municipal authorities and community leaders through the establishment of Local Councils as provided by law. Ethnic composition of the police within a municipality shall reflect the ethnic composition of the population within the respective municipality to the highest extent possible.

5. The Police of the Republic of Kosovo shall be responsible for border control in direct cooperation with local and international authorities.

Article 129   [Kosovo Intelligence Agency]

1. The Kosovo Intelligence Agency shall identify, investigate and monitor threats to security in the Republic of Kosovo.

2. The Kosovo Intelligence Agency shall be professional, politically impartial, multi-ethnic and shall be subject to Assembly oversight in a manner provided by law.

3. The President of the Republic of Kosovo and the Prime Minister, upon consultation with the Government, shall jointly appoint the Director, Deputy Director and Inspector General of Kosovo Intelligence Agency. Qualifications and terms of office shall be determined by law.

4. The President of the Republic of Kosovo and the Prime Minister shall receive the same intelligence information.

Article 130   [Civilian Aviation Authority]

1. The Civilian Aviation Authority of the Republic of Kosovo shall regulate civilian aviation activities in the Republic of Kosovo and shall be a provider of air navigation services as provided by law.

2. The Civilian Aviation Authority shall fully cooperate with relevant international and local authorities as provided by law.

Article 131   [State of Emergency]

1. The President of the Republic of Kosovo may declare a State of Emergency when:

    (1) there is a need for emergency defense measures;

    (2) there is internal danger to the constitutional order or to public security; or

    (3) there is a natural disaster affecting all or part of the territory of the Republic of Kosovo.

2. During the State of Emergency, the Constitution of the Republic of Kosovo shall not be suspended. Limitations on the rights and freedoms guaranteed by the Constitution shall only be to the extent necessary, for the least amount of time and in full accordance with this Constitution. During the State of Emergency, the law on elections of the Assembly and Municipalities shall not be changed. Further principles for the actions of the public institutions during the State of Emergency shall be regulated by law, but shall not be inconsistent with this Article.

3. If there exists the need for emergency defense measures, the President of the Republic of Kosovo shall declare a State of Emergency upon consultation with the Prime Minister. In declaring the State of Emergency, the President of the Republic of Kosovo shall immediately issue a decree setting forth the nature of the threat and any limitations on rights and freedoms. Within forty eight (48) hours, the Assembly may provide its consent by two thirds (2/3) vote of the deputies present and voting. If consent is not provided, the President's decree shall have no force or effect.

4. If there exists a danger to the constitutional order and to the public safety in the Republic of Kosovo or there exists a natural disaster in all or part of the territory of the Republic of Kosovo, the President of the Republic of Kosovo may declare a State of Emergency upon consultation with the Prime Minister. In declaring the State of Emergency, the President of the Republic of Kosovo shall immediately issue a decree setting forth the nature of the emergency and any limitations on rights and freedoms. Within forty eight (48) hours, the Assembly may provide its consent by a majority vote of the deputies present and voting. If consent is not provided, the President's decree shall have no force or effect.

5. A State of Emergency shall last only as long as the danger continues and may last no longer than a period of sixty (60) days. With the consent of a majority vote of the deputies of the Assembly present and voting, the State of Emergency may be extended if necessary for successive periods of thirty (30) days up to a total of ninety (90) additional days.

6. The Assembly may place such limitations on the duration and extent of the State of Emergency as deemed necessary. When the President determines that the danger to the Republic of Kosovo is of an extraordinary nature, the Assembly may authorize an extension of the State of Emergency beyond the one hundred fifty (150) days, only if adopted by two thirds (2/3) vote of all deputies of the Assembly.

7. The President of the Republic of Kosovo may, upon consultation with the Government and the Assembly, order mobilization of the Kosovo Security Force to assist in the State of Emergency.

8. The Security Council of the Republic of Kosovo, only during the State of Emergency, shall exercise executive functions which shall be limited to those functions which specifically relate to the State of Emergency. In a State of Emergency the Security Council of the Republic of Kosovo shall be chaired by the President of the Republic of Kosovo, as provided by law. During the State of Emergency, the Security Council of the Republic of Kosovo shall closely cooperate with the Government, the Assembly and international authorities.

9. The law shall define the principles, areas and manner of compensation for any losses resulting from the limitations imposed during a State of Emergency.

Chapter XII   Independent Institutions

Article 132   [Role and Competencies of the Ombudsperson]

1. The Ombudsperson monitors, defends and protects the rights and freedoms of individuals from unlawful or improper acts or failures to act of public authorities.

2. The Ombudsperson independently exercises her/his duty and does not accept any instructions or intrusions from the organs, institutions or other authorities exercising state authority in the Republic of Kosovo.

3. Every organ, institution or other authority exercising legitimate power of the Republic of Kosovo is bound to respond to the requests of the Ombudsperson and shall submit all requested documentation and information in conformity with the law.

Article 133   [Office of Ombudsperson]

1. The Office of the Ombudsperson shall be an independent office and shall propose and administer its budget in a manner provided by law.

2. The Ombudsperson has one (1) or more deputies. Their number, method of selection and mandate are determined by the Law on Ombudsperson. At least one (1) Deputy Ombudsperson shall be a member of a Community not in the majority in Kosovo.

Article 134   [Qualification, Election and Dismissal of the Ombudsperson]

1. The Ombudsperson is elected by the Assembly of Kosovo by a majority of all its deputies for a non-renewable five (5) year term.

2. Any citizen of the Republic of Kosovo, who has a university degree, high moral and honest character, distinguished experience and knowledge in the area of human rights and freedoms, is eligible to be elected as Ombudsperson.

3. The Ombudsperson and Deputy Ombudspersons shall not be members of any political party, exercise any political, state or professional private activity, or participate in the management of civil, economic or trade organizations.

4. The Ombudsperson shall be immune from prosecution, civil lawsuit and dismissal for actions or decisions that are within the scope of responsibilities of the Ombudsperson.

5. The Ombudsperson may be dismissed only upon the request of more than one third (1/3) of all deputies of the Assembly and upon a vote of two thirds (2/3) majority of all its deputies.

Article 135 [Ombudsperson Reporting]

1. The Ombudsperson shall submit an annual report to the Assembly of the Republic of Kosovo.

2. Upon request of the Assembly, the Ombudsperson is required to submit interim or other reports to the Assembly. Upon the request of the Ombudsperson, the Assembly shall permit the Ombudsperson to be heard.

3. The Ombudsperson is eligible to make recommendations and propose actions when violations of human rights and freedoms by the public administration and other state authorities are observed.

4. The Ombudsperson may refer matters to the Constitutional Court in accordance with the provisions of this Constitution.

Article 136 [Auditor-General of Kosovo]

1. The Auditor-General of the Republic of Kosovo is the highest institution of economic and financial control.

2. Organization, operation and competencies of the Auditor-General of the Republic of Kosovo shall be determined by the Constitution and law.

3. The Auditor-General of the Republic of Kosovo is elected and dismissed by the Assembly by a majority vote of all its deputies on the proposal of the President of the Republic of Kosovo.

4. The Assembly decides on the dismissal of the Auditor-General of the Republic of Kosovo by a two thirds (2/3) majority of all its deputies upon the proposal of the President of the Republic of Kosovo or upon the proposal of one third (1/3) of all its deputies.

5. The mandate of the Auditor-General of the Republic of Kosovo is five (5) years with the possibility of re-election to only one additional mandate.

Article 137 [Competencies of the Auditor-General of Kosovo]

Auditor-General of the Republic of Kosovo audits:

(1) the economic activity of public institutions and other state legal persons;

(2) the use and safeguarding of public funds by central and local authorities;

(3) the economic activity of public enterprises and other legal persons in which the State has shares or the loans, credits and liabilities of which are guaranteed by the State.

Article 138 [Reports of the Auditor-General of Kosovo]

1. The Auditor-General of the Republic of Kosovo addresses the Assembly:

    (1) to report on the execution of the State budget;

    (2) to give an opinion on the report of the Government on its expenditures of the previous year before it is adopted by the Assembly;

    (3) to inform the Assembly on conclusions of audits when requested.

2. The Auditor-General of the Republic of Kosovo submits an annual report on the activities of the office to the Assembly.

Article 139 [Central Election Commission]

1. The Central Election Commission is a permanent body, which prepares, supervises, directs, and verifies all activities related to the process of elections and referenda and announces their results.

2. The Commission is composed of eleven (11) members.

3. The Chair of the Central Election Commission is appointed by the President of the Republic of Kosovo from among the judges of the Supreme Court and courts exercising appellate jurisdiction.

4. Six (6) members shall be appointed by the six largest parliamentary groups represented in the Assembly, which are not entitled to reserved seats. If fewer groups are represented in the Assembly, the largest group or groups may appoint additional members. One (1) member shall be appointed by the Assembly deputies holding seats reserved or guaranteed for the Kosovo Serb Community, and three (3) members shall be appointed by the Assembly deputies holding seats reserved or guaranteed for other Communities that are not in majority in Kosovo.

Article 140 [Central Bank of Kosovo]

1. The Central Bank of the Republic of Kosovo is an independent institution which reports to the Assembly of Kosovo.

2. The Central Bank of the Republic of Kosovo exercises its competencies and powers exclusively in accordance with this Constitution and other applicable legislative instruments.

3. The Governor of the Central Bank of the Republic of Kosovo will serve as the Chief Executive Officer.

4. The governance of the Central Bank of the Republic of Kosovo and the selection and nomination procedures of the Central Bank Board members shall be regulated by law, which shall ensure its independence and autonomy.

Article 141 [Independent Media Commission]

1. The Independent Media Commission is an independent body, which regulates the Range of Broadcasting Frequencies in the Republic of Kosovo, issues licenses to public and private broadcasters, establishes and implements broadcasting policies and exercises other competencies as set forth by law.

2. The members of the Independent Media Commission shall be elected in a transparent process in accordance with the law.

Article 142 [Independent Agencies]

1. Independent agencies of the Republic of Kosovo are institutions established by the Assembly based on the respective laws that regulate their establishment, operation and competencies. Independent agencies exercise their functions independently from any other body or authority in the Republic of Kosovo.

2. Independent agencies have their own budget that shall be administered independently in accordance with the law.

3. Every organ, institution or other entity exercising legal authority in the Republic of Kosovo is bound to cooperate with and respond to the requests of the independent agencies during the exercise of their legal competencies in a manner provided by law.

Chapter XIII Final Provisions

Article 143 [Comprehensive Proposal for the Kosovo Status Settlement]

Notwithstanding any provision of this Constitution:

1. All authorities in the Republic of Kosovo shall abide by all of the Republic of Kosovo's obligations under the Comprehensive Proposal for the Kosovo Status Settlement dated 26 March 2007. They shall take all necessary actions for their implementation.

2. The provisions of the Comprehensive Proposal for the Kosovo Status Settlement dated 26 March 2007 shall take precedence over all other legal provisions in Kosovo.

3. The Constitution, laws and other legal acts of the Republic of Kosovo shall be interpreted in compliance with the Comprehensive Proposal for the Kosovo Status Settlement dated 26 March 2007. If there are inconsistencies between the provisions of this Constitution, laws or other legal acts of the Republic of Kosovo and the provisions of the said Settlement, the latter shall prevail.

Article 144 [Amendments]

1. The Government, the President or one fourth (1/4) of the deputies of the Assembly of Kosovo as set forth in the Rules of Procedure of the Assembly may propose changes and amendments to this Constitution.

2. Any amendment shall require for its adoption the approval of two thirds (2/3) of all deputies of the Assembly including two thirds (2/3) of all deputies of the Assembly holding reserved or guaranteed seats for representatives of communities that are not in the majority in the Republic of Kosovo.

3. Amendments to this Constitution may be adopted by the Assembly only after the President of the Assembly of Kosovo has referred the proposed amendment to the Constitutional Court for a prior assessment that the proposed amendment does not diminish any of the rights and freedoms set forth in Chapter II of this Constitution.

4. Amendments to the Constitution enter into force immediately after their adoption in the Assembly of the Republic of Kosovo.

Article 145 [Continuity of International Agreements and Applicable Legislation]

1. International agreements and other acts relating to international cooperation that are in effect on the day this Constitution enters into force will continue to be respected until such agreements or acts are renegotiated or withdrawn from in accordance with their terms or until they are superseded by new international agreements or acts covering the same subject areas and adopted pursuant to this Constitution.

2. Legislation applicable on the date of the entry into force of this Constitution shall continue to apply to the extent it is in conformity with this Constitution until repealed, superseded or amended in accordance with this Constitution.

Chapter XIV   Transitional Provisions

Article 146   [International Civilian Representative]

Notwithstanding any provision of this Constitution:

1. The International Civilian Representative and other international organizations and actors mandated under the Comprehensive Proposal for the Kosovo Status Settlement dated 26 March 2007 have the mandate and powers set forth under the said Comprehensive Proposal, including the legal capacity and privileges and immunities set forth therein.

2. All authorities in the Republic of Kosovo shall cooperate fully with the International Civilian Representative, other international organizations and actors mandated under the Comprehensive Proposal for the Kosovo Status Settlement dated 26 March 2007 and shall, *inter alia*, give effect to their decisions or acts.

Article 147   [Final Authority of the International Civilian Representative]

Notwithstanding any provision of this Constitution, the International Civilian Representative shall, in accordance with the Comprehensive Proposal for the Kosovo Status Settlement dated 26 March 2007, be the final authority in Kosovo regarding interpretation of the civilian aspects of the said Comprehensive Proposal. No Republic of Kosovo authority shall have jurisdiction to review, diminish or otherwise restrict the mandate, powers and obligations referred to in Article 146 and this Article.

Article 148   [Transitional Provisions for the Assembly of Kosovo]

1. For the first two (2) electoral mandates, the Assembly of Kosovo shall have twenty (20) seats reserved for representation of Communities that are not in the majority in Kosovo, as follows: Ten (10) seats shall be allocated to the parties, coalitions, citizens' initiatives and independent candidates having declared themselves representing the Kosovo Serb Community and ten (10) seats shall be allocated to other Communities as follows: the Roma community, one (1) seat; the Ashkali community, one (1) seat; the Egyptian community, one (1) seat; and one (1) additional seat will be awarded to either the Roma, the Ashkali or the Egyptian community with the highest overall votes; the Bosniak community, three (3) seats; the Turkish community, two (2) seats; and the Gorani community, one (1) seat. Any seats gained through elections shall be in addition to the ten
(10) reserved seats allocated to the Kosovo Serb Community and other Communities respectively.

2. Notwithstanding paragraph 1 of this Article, the mandate existing at the time of entry into force of this Constitution will be deemed to be the first electoral mandate of the Assembly, provided that such mandate continues for a period of at least two (2) years from the date of entry into force of this Constitution.

Article 149 [Initial Adoption of Laws of Vital Interest]

Notwithstanding the provisions of Article 81 of this Constitution, the laws of vital interest enumerated therein shall be initially adopted by the majority vote of the deputies of the Assembly present and voting.

Article 150 [Appointment Process for Judges and Prosecutors]

1. The comprehensive, Kosovo-wide review of the suitability of all applicants for permanent appointments, until the retirement age determined by law, as judges and public prosecutors in Kosovo shall continue to be carried out in accordance with Administrative Direction 2008/02 and shall not be affected by the termination of the United Nations Mission in Kosovo (UNMIK)'s mandate or the entry into force of this Constitution.

2. All successful candidates who have been appointed or reappointed as judges and prosecutors by the Special Representative of the Secretary General (SRSG) as part of the Appointment Process shall continue to serve in their posts until the natural expiration of their appointment, or until such time as they are dismissed in accordance with law.

3. The Independent Judicial and Prosecutorial Commission shall submit recommendations on candidates for appointment or reappointment as judges and prosecutors in writing to the Kosovo Judicial Council, which shall exercise final authority to propose to the President of Kosovo candidates for appointment or reappointment as judges and prosecutors.

4. All successful candidates who have been appointed or reappointed as judges and prosecutors by the President of Kosovo on the proposal of the Kosovo Judicial Council as part of the Appointment Process shall continue to serve in their posts until the natural expiration of their appointment, or until such time as they are dismissed in accordance with law.

5. Notwithstanding Article 105 of this Constitution, the mandate of all judges and prosecutors successfully completing the appointment process set forth in this Article and who have exercised the function for at least two years prior to appointment pursuant to this article is permanent until the retirement age as determined by law or unless removed in accordance with law.

Article 151 [Temporary Composition of Kosovo Judicial Council]

Until the end of the international supervision of the implementation of the Comprehensive Proposal for Kosovo Status Settlement, dated 26 March 2007, the Kosovo Judicial Council shall be composed as follows:

1. Five (5) members shall consist of the Kosovan members of the Independent Judicial and Prosecutorial Commission who have been vetted by the Independent Judicial and Prosecutorial Commission as part of Phases 1 and 2 of the Appointment Process, in accordance with Administrative Direction 2008/02. Of these five (5) members, one (1)

judge and one (1) prosecutor, randomly selected, shall serve on the Kosovo Judicial Council until the natural expiration of their existing mandates, at which time they shall be replaced by one (1) judge and one (1) prosecutor vetted by the Independent Judicial and Prosecutorial Commission and elected by their peers following methods intended to ensure the widest representation of the judiciary and prosecutorial service. The remaining two (2) judges and one (1) prosecutor, from among the five Kosovan Independent Judicial and Prosecutorial Commission members, shall serve on the Kosovo Judicial Council for an additional one (1) year term after the natural expiration of their existing mandates, at which time they shall be replaced by the same procedure as their former Independent Judicial and Prosecutorial Commission colleagues. In the event that an entity responsible for matters related to the appointment, disciplining and dismissal of prosecutors were established, all five remaining members of the Kosovo Judicial Council shall be judges.

2. The remaining eight (8) members of the Council shall be elected by the Assembly of Kosovo as set forth by this Constitution, except that two (2) out of the four (4) members elected by deputies holding seats attributed during the general distribution of seats shall be international members selected by the International Civilian Representative on the proposal of the European Security and Defense Policy Mission. One of the international members shall be a judge.

Article 152 [Temporary Composition of the Constitutional Court]

Until the end of the international supervision of the implementation of the Comprehensive Proposal for Kosovo Status Settlement, dated 26 March 2007, the Constitutional Court shall be composed as follows:

1. Six (6) out of nine (9) judges shall be appointed by the President of the Republic of Kosovo on the proposal of the Assembly.

2. Of the six (6) judges two (2) judges shall serve for a non-renewable term of three (3) years, two (2) judges shall serve for a non-renewable term of six (6) years, and two (2) judges shall serve for a non-renewable term of nine (9) years. Mandates of initial period judges shall be chosen by lot by the President of the Republic of Kosovo immediately after their appointment.

3. Of the six (6) judges, four (4) shall be elected by a two-thirds (2/3) vote of the deputies of Assembly present and voting. Two (2) shall be elected by majority of the deputies of the Assembly present and voting including the consent of the majority of the deputies of the Assembly holding seats reserved or guaranteed for representatives of Communities that are not in the majority in Kosovo.

4. Three (3) international judges shall be appointed by the International Civilian Representative, upon consultation with the President of the European Court of Human Rights. The three (3) international judges shall not be citizens of Kosovo or any neighboring country.

5. The International Civilian Representative shall determine when the mandates of the international judges expire and the judges shall be replaced as set forth by the Constitution.

Article 153 [International Military Presence]

Notwithstanding any provision of this Constitution, the International Military Presence has the mandate and powers set forth under the relevant international instruments including United Nations Security Council Resolution 1244 and the Comprehensive Proposal for the Kosovo Status Settlement dated 26 March 2007. The Head of the International Military Presence shall, in accordance with the Comprehensive Proposal for the Kosovo Status Settlement dated 26 March 2007, be the final authority in theatre regarding interpretation of those aspects of the said Settlement that refer to the International Military Presence. No Republic of Kosovo authority shall have jurisdiction to review, diminish or otherwise restrict the mandate, powers and obligations referred to in this Article.

Article 154 [Kosovo Protection Corps]

The Kosovo Protection Corps shall be dissolved within one year after entry into force of this Constitution. Until such dissolution, the International Military Presence, in consultation with the International Civilian Representative and the Republic of Kosovo, shall exercise executive authority over the Kosovo Protection Corps and shall decide on the schedule of its dissolution.

Article 155 [Citizenship]

1. All legal residents of the Republic of Kosovo as of the date of the adoption of this Constitution have the right to citizenship of the Republic of Kosovo.

2. The Republic of Kosovo recognizes the right of all citizens of the former Federal Republic of Yugoslavia habitually residing in Kosovo on 1 January 1998 and their direct descendants to Republic of Kosovo citizenship regardless of their current residence and of any other citizenship they may hold.

Article 156 [Refugees and Internally Displaced Persons]

The Republic of Kosovo shall promote and facilitate the safe and dignified return of refugees and internally displaced persons and assist them in recovering their property and possession.

Article 157 [Auditor-General of Kosovo]

Until the end of the international supervision of the implementation of the Comprehensive Proposal for Kosovo Status Settlement, dated 26 March 2007, the Auditor-General of the Republic of Kosovo shall be an international appointed by the International Civilian Representative.

Article 158 [Central Banking Authority]

Until the end of the international supervision of the implementation of the Comprehensive Proposal for Kosovo Status Settlement, dated 26 March 2007, the Governor of the Central

Bank of the Republic of Kosovo shall be appointed by the President of the Republic of Kosovo following consent by the International Civilian Representative.

Article 159 [Socially Owned Enterprises and Property]

1. All enterprises that were wholly or partly in social ownership prior to the effective date of this Constitution shall be privatized in accordance with law.

2. All socially owned interests in property and enterprises in Kosovo shall be owned by the Republic of Kosovo.

Article 160 [Publicly Owned Enterprises]

1. The Republic of Kosovo shall own all enterprises in the Republic of Kosovo that are Publicly Owned Enterprises. All obligations related to such ownership rights shall be the obligations of the Republic of Kosovo. The Government of Kosovo may privatize, concession or lease a Publicly Owned Enterprise as provided by law.

2. The ownership rights in a Publicly Owned Enterprise that provides services only in a specific municipality or in a limited number of municipalities shall be the ownership rights of the concerned municipality or municipalities. Obligations related to such ownership rights shall be the obligations of the concerned municipality or municipalities. The Assembly of Kosovo shall, by law, identify such Publicly Owned Enterprise and the concerned municipality or municipalities having ownership rights and related obligations with respect thereto. If authorized by law, the concerned municipality or municipalities may privatize, concession or lease such a Publicly Owned Enterprise.

Article 161 [Transition of Institutions]

1. Except where the Constitution provides a different transition, all powers, responsibilities and obligations of the institutions foreseen by this Constitution are immediately vested in those institutions on the day of entry into force of this Constitution. The mandate of each institution as established prior to the entry into force of this Constitution remains intact and unchanged until its natural expiration or the next elections.

2. Until the first parliamentary elections following entry into force of this Constitution, the Presidency of the Assembly will remain in place with those powers foreseen under its existing mandate. As of the constitutive session of the first Assembly following the entry into force of this Constitution, the Presidency of the Assembly will be restructured to comply with the terms of this Constitution.

3. The provisions of Article 70.3(3) shall not apply until the constitutive session of the Assembly following the first parliamentary elections following the entry into force of this Constitution.

4. Until the establishment of the Kosovo Prosecutorial Council, its functions and responsibilities will be exercised by the Kosovo Judicial Council.

Article 162   [Effective Date]

This Constitution shall enter into force and effect on 15 June 2008.

KUSHTETUTA
E REPUBLIKËS SË KOSOVËS

KUSHTETUTA E REPUBLIKËS SË KOSOVËS

KAPITULLI I   DISPOZITAT THEMELORE 1

- Neni 1   [Përkufizimi i Shtetit] 1
- Neni 2   [Sovraniteti] 1
- Neni 3   [Barazia para Ligjit] 1
- Neni 4   [Forma e Qeverisjes dhe Ndarja e Pushtetit] 1
- Neni 5   [Gjuhët] 2
- Neni 6   [Simbolet] 2
- Neni 7   [Vlerat] 2
- Neni 8   [Shteti Laik] 3
- Neni 9   [Trashëgimia Kulturore dhe Fetare] 3
- Neni 10   [Ekonomia] 3
- Neni 11   [Valuta] 3
- Neni 12   [Pushteti Lokal] 3
- Neni 13   [Kryeqyteti] 3
- Neni 14   [Shtetësia] 3
- Neni 15   [Shtetasit jashtë Vendit] 4
- Neni 16   [Epërsia e Kushtetutës] 4
- Neni 17   [Marrëveshjet Ndërkombëtare] 4
- Neni 18   [Ratifikimi i Marrëveshjeve Ndërkombëtare] 4
- Neni 19   [Zbatimi i së Drejtës Ndërkombëtare] 5
- Neni 20   [Bartja e Sovranitetit] 5

KAPITULLI II   TË DREJTAT DHE LIRITË THEMELORE 6

- Neni 21   [Parimet e Përgjithshme] 6
- Neni 22   [Zbatimi i drejtpërdrejtë i Marrëveshjeve dhe Instrumenteve Ndërkombëtare] ... 6
- Neni 23   [Dinjiteti i Njeriut] 7
- Neni 24   [Barazia para Ligjit] 7
- Neni 25   [E Drejta për Jetën] 7
- Neni 26   [E Drejta e Integritetit Personal] 7
- Neni 27   [Ndalimi i Torturës, Trajtimit Mizor, Çnjerëzor ose Poshtërues] 8
- Neni 28   [Ndalimi i Skllavërisë dhe i Punës së Detyruar] 8
- Neni 29   [E Drejta e Lirisë dhe Sigurisë] 8
- Neni 30   [Të Drejtat e të Akuzuarit] 9
- Neni 31   [E Drejta për Gjykim të Drejtë dhe të Paanshëm] 9
- Neni 32   [E Drejta për Mjete Juridike] 10
- Neni 33   [Parimi i Legalitetit dhe Proporcionalitetit në Rastet Penale] 10
- Neni 34   [E Drejta për të mos u Gjykuar dy herë për të njëjtën Vepër] 11
- Neni 35   [Liria e Lëvizjes] 11
- Neni 36   [E Drejta e Privatësisë] 11
- Neni 37   [E Drejta e Martesës dhe Familjes] 12
- Neni 38   [Liria e Besimit, e Ndërgjegjes dhe e Fesë] 12
- Neni 39   [Konfesionet Fetare] 12
- Neni 40   [Liria e Shprehjes] 12
- Neni 41   [E Drejta e Qasjes në Dokumente Publike] 13
- Neni 42   [Liria e Medieve] 13
- Neni 43   [Liria e Tubimit] 13
- Neni 44   [Liria e Asociimit] 13
- Neni 45   [Të Drejtat Zgjedhore dhe të Pjesëmarrjes] 14
- Neni 46   [Mbrojtja e Pronës] 14
- Neni 47   [E Drejta për Arsimin] 14
- Neni 48   [Liria e Artit dhe e Shkencës] 15
- Neni 49   [E Drejta e Punës dhe Ushtrimit të Profesionit] 15

Neni 50 [Të Drejtat e Fëmijës]	15
Neni 51 [Mbrojtja Shëndetësore dhe Sociale]	15
Neni 52 [Përgjegjësia për Mjedisin Jetësor]	15
Neni 53 [Interpretimi i Dispozitave për të Drejtat e Njeriut]	16
Neni 54 [Mbrojtja Gjyqësore e të Drejtave]	16
Neni 55 [Kufizimi i të Drejtave dhe Lirive Themelore]	16
Neni 56 [Të Drejtat dhe Liritë Themelore gjatë Gjendjes së Jashtëzakonshme]	16

KAPITULLI III TË DREJTAT E KOMUNITETEVE DHE PJESËTARËVE TË TYRE 18

Neni 57 [Parimet e Përgjithshme]	18
Neni 58 [Përgjegjësitë e Shtetit]	18
Neni 59 [Të Drejtat e Komuniteteve dhe Pjesëtarëve të Tyre]	19
Neni 60 [Këshilli Konsultativ për Komunitete]	20
Neni 61 [Përfaqësimi në Punësim në Institucionet Publike]	21
Neni 62 [Përfaqësimi në Organet e Pushtetit Lokal]	21

KAPITULLI IV KUVENDI I REPUBLIKËS SË KOSOVËS 22

Neni 63 [Parimet e Përgjithshme]	22
Neni 64 [Struktura e Kuvendit]	22
Neni 65 [Kompetencat e Kuvendit]	22
Neni 66 [Zgjedhja dhe Mandati]	23
Neni 67 [Zgjedhja e Kryetarit dhe Nënkryetarëve]	24
Neni 68 [Seancat]	24
Neni 69 [Orari i Seancave dhe Kuorumi]	25
Neni 70 [Mandati i Deputetëve]	25
Neni 71 [Kualifikimet dhe Barazia Gjinore]	26
Neni 72 [Papajtueshmëria]	26
Neni 73 [Pamundësia e Kandidimit]	26
Neni 74 [Ushtrimi i Funksionit]	27
Neni 75 [Imuniteti]	27
Neni 76 [Rregullorja e Punës]	27
Neni 77 [Komisionet]	27
Neni 78 [Komisioni për të Drejtat dhe Interesat e Komuniteteve]	27
Neni 79 [Nisma Legjislative]	28
Neni 80 [Miratimi i Ligjeve]	28
Neni 81 [Legjislacioni me Interes Vital]	29
Neni 82 [Shpërndarja e Kuvendit]	29

KAPITULLI V PRESIDENTI I REPUBLIKËS SË KOSOVËS 31

Neni 83 [Statusi i Presidentit]	31
Neni 84 [Kompetencat e Presidentit]	31
Neni 85 [Kualifikimi për Zgjedhjen e Presidentit]	33
Neni 86 [Zgjedhja e Presidentit]	33
Neni 87 [Mandati dhe Betimi]	33
Neni 88 [Papajtueshmëria]	33
Neni 89 [Imuniteti]	34
Neni 90 [Mungesa e Përkohshme e Presidentit]	34
Neni 91 [Shkarkimi i Presidentit]	34

KAPITULLI VI QEVERIA E REPUBLIKËS SË KOSOVËS 36

Neni 92 [Parimet e Përgjithshme]	36
Neni 93 [Kompetencat e Qeverisë]	36
Neni 94 [Kompetencat e Kryeministrit]	37
Neni 95 [Zgjedhja e Qeverisë]	37
Neni 96 [Ministritë dhe Përfaqësimi i Komuniteteve]	38
Neni 97 [Përgjegjësia]	38

Neni 98	[Imuniteti]	39
Neni 99	[Procedurat]	39
Neni 100	[Mocioni i Votëbesimit]	39
Neni 101	[Shërbimi Civil]	39

KAPITULLI VII — SISTEMI I DREJTËSISË ... 40

Neni 102	[Parimet e Përgjithshme të Sistemit Gjyqësor]	40
Neni 103	[Organizimi dhe Jurisdiksioni i Gjykatave]	40
Neni 104	[Emërimi dhe Shkarkimi i Gjyqtarëve]	41
Neni 105	[Mandati dhe Riemërimi]	41
Neni 106	[Papajtueshmëria]	41
Neni 107	[Imuniteti]	42
Neni 108	[Këshilli Gjyqësor i Kosovës]	42
Neni 109	[Prokurori i Shtetit]	43
Neni 110	[Këshilli Prokurorial i Kosovës]	44
Neni 111	[Avokatura]	44

KAPITULLI VIII — GJYKATA KUSHTETUESE ... 45

Neni 112	[Parimet e Përgjithshme]	45
Neni 113	[Jurisdiksioni dhe Palët e Autorizuara]	45
Neni 114	[Përbërja dhe Mandati i Gjykatës Kushtetuese]	46
Neni 115	[Organizimi i Gjykatës Kushtetuese]	47
Neni 116	[Efekti Juridik i Vendimeve]	47
Neni 117	[Imuniteti]	47
Neni 118	[Shkarkimi]	47

KAPITULLI IX — MARRËDHËNIET EKONOMIKE ... 48

Neni 119	[Parimet e Përgjithshme]	48
Neni 120	[Financat Publike]	48
Neni 121	[Prona]	49
Neni 122	[Përdorimi i Pasurisë dhe Burimeve Natyrore]	49

KAPITULLI X — QEVERISJA LOKALE DHE ORGANIZIMI TERRITORIAL ... 50

| Neni 123 | [Parimet e Përgjithshme] | 50 |
| Neni 124 | [Organizimi dhe Funksionimi i Vetëqeverisjes Lokale] | 50 |

KAPITULLI XI — SEKTORI I SIGURISË ... 51

Neni 125	[Parimet e Përgjithshme]	51
Neni 126	[Forca e Sigurisë e Kosovës]	51
Neni 127	[Këshilli i Sigurisë i Kosovës]	52
Neni 128	[Policia e Kosovës]	52
Neni 129	[Agjencia e Kosovës për Inteligjencë]	53
Neni 130	[Autoriteti Civil i Aviacionit]	53
Neni 131	[Gjendja e Jashtëzakonshme]	53

KAPITULLI XII — INSTITUCIONET E PAVARURA ... 55

Neni 132	[Roli dhe Kompetencat e Avokatit të Popullit]	55
Neni 133	[Zyra e Avokatit të Popullit]	55
Neni 134	[Kualifikimi, Zgjedhja dhe Shkarkimi i Avokatit të Popullit]	55
Neni 135	[Raportimi i Avokatit të Popullit]	56
Neni 136	[Auditori i Përgjithshëm i Kosovës]	56
Neni 137	[Kompetencat e Auditorit të Përgjithshëm të Kosovës]	56
Neni 138	[Raportimi i Auditorit të Përgjithshëm të Kosovës]	57
Neni 139	[Komisioni Qendror i Zgjedhjeve]	57
Neni 140	[Banka Qendrore e Kosovës]	58
Neni 141	[Komisioni i Pavarur i Medieve]	58

| Neni 142 | [Agjencitë e Pavarura] | 58 |

KAPITULLI XIII   DISPOZITAT PËRFUNDIMTARE ... **59**

Neni 143	[Propozimi Gjithëpërfshirës për Zgjidhjen e Statusit të Kosovës]	59
Neni 144	[Amendamentimi]	59
Neni 145	[Vazhdimësia e Marrëveshjeve Ndërkombëtare dhe e Legjislacionit të Aplikueshëm]	.59

KAPITULLI XIV   DISPOZITAT KALIMTARE ... **61**

Neni 146	[Përfaqësuesi Ndërkombëtarë Civil]	61
Neni 147	[Autoriteti Përfundimtarë i Përfaqësuesit Ndërkombëtarë Civil]	61
Neni 148	[Dispozitat Transicionale për Kuvendin e Kosovës]	61
Neni 149	[Miratimi Fillestar i Ligjeve me Interes Vital]	62
Neni 150	[Procesi i Emërimit të Gjyqtarëve dhe Prokurorëve]	62
Neni 151	[Përbërja e Përkohshme e Këshillit Gjyqësor të Kosovës]	62
Neni 152	[Përbërja e Përkohshme e Gjykatës Kushtetuese]	63
Neni 153	[Prania Ndërkombëtare Ushtarake]	64
Neni 154	[Trupat e Mbrojtjes të Kosovës]	64
Neni 155	[Shtetësia]	64
Neni 156	[Refugjatët dhe Personat e Zhvendosur Brenda Vendit]	64
Neni 157	[Auditori i Përgjithshëm i Kosovës]	65
Neni 158	[Autoriteti Qendror Bankar]	65
Neni 159	[Pronat dhe Ndërmarrjet në Pronësi Shoqërore]	65
Neni 160	[Ndërmarrjet në Pronësi Publike]	65
Neni 161	[Transicioni i Institucioneve]	65
Neni 162	[Hyrja në Fuqi]	66

Ne, Populli i Kosovës,

Të vendosur për të ndërtuar një ardhmëri të Kosovës si një vend i lirë, demokratik dhe paqedashës, i cili do të jetë atdhe i të gjithë qytetarëve të vet;

Të përkushtuar për krijimin e një shteti të qytetarëve të barabartë, i cili do të garantojë të drejtat e secilit qytetar, liritë qytetare dhe barazinë e të gjithë qytetarëve para ligjit;

Të zotuar që Kosova të jetë shtet i mirëqenies ekonomike dhe i prosperitetit social;

Të sigurt që shteti i Kosovës do të kontribuojë në stabilitetin e rajonit dhe të mbarë Evropës, duke krijuar marrëdhënie të fqinjësisë dhe të bashkëpunimit të mirë me të gjitha shtetet fqinje;

Të bindur që shteti i Kosovës do të jetë anëtar i denjë i familjes së shteteve paqedashëse në Botë;

Me synimin që shteti i Kosovës të përfshihet në proceset integruese Euro-Atlantike;

Në mënyrë solemne, miratojmë Kushtetutën e Republikës së Kosovës.

Kapitulli I   Dispozitat Themelore

Neni 1   [Përkufizimi i Shtetit]

4. Republika e Kosovës është shtet i pavarur, sovran, demokratik, unik, dhe i pandashëm.

5. Republika e Kosovës është shtet i shtetasve të vet. Republika e Kosovës ushtron autoritetin e saj bazuar në respektimin e të drejtave dhe lirive të qytetarëve të vet dhe të gjithë individëve brenda kufijve të saj.

6. Republika e Kosovës nuk ka pretendime territoriale ndaj asnjë shteti ose pjese të ndonjë shteti dhe nuk do të kërkojë të bashkohet me asnjë shtet ose pjesë të ndonjë shteti.

Neni 2   [Sovraniteti]

4. Sovraniteti i Republikës së Kosovës buron nga populli, i takon popullit dhe ushtrohet, në pajtim me Kushtetutën, nëpërmjet përfaqësuesve të zgjedhur, me referendum, si dhe në forma të tjera, në pajtim me dispozitat e kësaj Kushtetute.

5. Sovraniteti dhe integriteti territorial i Republikës së Kosovës është i pacenueshëm, i patjetërsueshëm dhe i pandashëm dhe mbrohet me të gjitha mjetet e përcaktuara me këtë Kushtetutë dhe me ligj.

6. Republika e Kosovës, me qëllim të ruajtjes së paqes dhe mbrojtjes së interesave shtetërore, mund të marrë pjesë në sisteme të sigurisë ndërkombëtare.

Neni 3   [Barazia para Ligjit]

3. Republika e Kosovës është shoqëri shumetnike, e përbërë nga shqiptarët dhe komunitetet tjera e cila qeveriset në mënyrë demokratike, me respektim të plotë të sundimit të ligjit, përmes institucioneve të veta legjislative, ekzekutive dhe gjyqësore.

4. Ushtrimi i autoritetit publik në Republikën e Kosovës bazohet në parimet e barazisë para ligjit të të gjithë individëve dhe në respektimin e plotë të të drejtave dhe lirive themelore të njeriut, të pranuara ndërkombëtarisht, si dhe në mbrojtjen e të drejtave dhe në pjesëmarrjen e të gjitha komuniteteve dhe pjesëtarëve të tyre.

Neni 4   [Forma e Qeverisjes dhe Ndarja e Pushtetit]

4. Kosova është Republikë demokratike e bazuar në parimin e ndarjes së pushteteve dhe kontrollit e balancimit në mes tyre, sikurse është përcaktuar me këtë Kushtetutë.

8. Kuvendi i Republikës së Kosovës ushtron pushtetin legjislativ.

9. Presidenti i Republikës së Kosovës përfaqëson unitetin e popullit. Presidenti i Republikës së Kosovës është përfaqësues legjitim i vendit brenda dhe jashtë dhe garantues i funksionimit demokratik të institucioneve të Republikës së Kosovës, në pajtim me këtë Kushtetutë.

10. Qeveria e Republikës së Kosovës është përgjegjëse për zbatimin e ligjeve e politikave shtetërore dhe i nënshtrohet kontrollit parlamentar.

11. Pushteti gjyqësor është unik, i pavarur dhe ushtrohet nga gjykatat.

12. Gjykata Kushtetuese është organ i pavarur i mbrojtjes së kushtetutshmërisë dhe bën interpretimin përfundimtar të Kushtetutës.

13. Republika e Kosovës ka institucionet e veta për mbrojtjen e rendit kushtetues dhe të integritetit territorial, rendit dhe qetësisë publike, të cilat funksionojnë nën autoritetin kushtetues të institucioneve demokratike të Republikës së Kosovës.

Neni 5   [Gjuhët]

3. Gjuhë zyrtare në Republikën e Kosovës janë Gjuha Shqipe dhe Gjuha Serbe.

4. Gjuha Turke, Boshnjake dhe ajo Rome kanë statusin e gjuhëve zyrtare në nivel komune ose do të jenë në përdorim zyrtar në cilindo nivel në pajtim me ligj.

Neni 6   [Simbolet]

3. Flamuri, stema dhe himni janë simbolet shtetërore të Republikës së Kosovës të cilat pasqyrojnë karakterin shumetnik të saj.

4. Pamja, mënyra e përdorimit dhe mbrojtja e flamurit dhe të simboleve të tjera shtetërore rregullohen me ligj. Mënyra e përdorimit dhe e mbrojtjes së simboleve kombëtare rregullohet me ligj.

Neni 7   [Vlerat]

3. Rendi kushtetues i Republikës së Kosovës bazohet në parimet e lirisë, paqes, demokracisë, barazisë, respektimit të të drejtave dhe lirive të njeriut dhe sundimit të ligjit, mosdiskriminimit, të drejtës së pronës, mbrojtjes e mjedisit, drejtësisë sociale, pluralizmit, ndarjes së pushtetit shtetëror dhe ekonomisë së tregut.

2. Republika e Kosovës siguron barazinë gjinore si vlerë themelore për zhvillimin demokratik të shoqërisë, mundësi të barabarta për pjesëmarrje të femrave dhe meshkujve në jetën politike, ekonomike, sociale, kulturore dhe në fushat të tjera të jetës shoqërore.

Neni 8 [Shteti Laik]

Republika e Kosovës është shtet laik dhe neutral në çështje të besimeve fetare.

Neni 9 [Trashëgimia Kulturore dhe Fetare]

Republika e Kosovës siguron ruajtjen dhe mbrojtjen e trashëgimisë së vet kulturore dhe fetare.

Neni 10 [Ekonomia]

Ekonomia e tregut me konkurrencë të lirë është bazë e rregullimit ekonomik të Republikës së Kosovës.

Neni 11 [Valuta]

1. Në Republikën e Kosovës si mjet i vlefshëm pagese përdoret një valutë e vetme.

2. Autoriteti Qendror Bankar i Kosovës është i pavarur dhe quhet Banka Qendrore e Republikës së Kosovës.

Neni 12 [Pushteti Lokal]

1. Njësi themelore territoriale të vetëqeverisjes lokale në Republikën e Kosovës janë komunat.

2. Organizimi dhe kompetencat e njësive të vetëqeverisjes lokale rregullohen me ligj.

Neni 13 [Kryeqyteti]

1. Kryeqyteti i Republikës së Kosovës është Prishtina.

2. Statusi dhe organizimi i kryeqytetit rregullohet me ligj.

Neni 14 [Shtetësia]

Fitimi dhe humbja e së drejtës së shtetësisë së Republikës së Kosovës rregullohet me ligj.

Neni 15 [Shtetasit jashtë Vendit]

Republika e Kosovës mbron interesat e shtetasve të saj jashtë vendit, në mënyrën e përcaktuar me ligj.

Neni 16 [Epërsia e Kushtetutës]

1. Kushtetuta është akti më i lartë juridik i Republikës së Kosovës. Ligjet dhe aktet e tjera juridike duhet të jenë në pajtim me këtë Kushtetutë.

2. Pushteti qeverisës buron nga Kushtetuta.

3. Republika e Kosovës respekton të drejtën ndërkombëtare.

4. Secili person dhe organ në Republikën e Kosovës u nënshtrohet dispozitave të Kushtetutës.

Neni 17 [Marrëveshjet Ndërkombëtare]

1. Republika e Kosovës lidh marrëveshje ndërkombëtare dhe anëtarësohet në organizata ndërkombëtare.

2. Republika e Kosovës merr pjesë në bashkëpunim ndërkombëtar për promovimin dhe mbrojtjen e paqes, sigurisë dhe të drejtave të njeriut.

Neni 18 [Ratifikimi i Marrëveshjeve Ndërkombëtare]

3. Kuvendi i Republikës së Kosovës me votat e dy të tretave (2/3) e të gjithë deputetëve ratifikon marrëveshjet ndërkombëtare për këto çështje:

   territorin, paqen, aleancat, çështjet politike dhe ushtarake;

   të drejtat dhe liritë themelore;

   anëtarësimin e Republikës së Kosovës në organizata ndërkombëtare;

   marrjen përsipër të detyrimeve financiare nga ana e Republikës së Kosovës.

4. Marrëveshjet ndërkombëtare me përjashtim të atyre në pikën 1, ratifikohen pas nënshkrimit nga Presidenti i Republikës së Kosovës.

5. Presidenti i Republikës së Kosovës ose Kryeministri njoftojnë Kuvendin sa herë që të nënshkruhet një marrëveshje ndërkombëtare.

4. Amendamentimi ose tërheqja nga marrëveshjet ndërkombëtare do të kenë të njejtën procedurë të vendim marrjes sikur ajo e ratifikimit të marrëveshjeve ndërkombëtare.

5. Parimet dhe procedurat për ratifikimin dhe kontestimin e marrëveshjeve ndërkombëtare rregullohen me ligj.

Neni 19 [Zbatimi i së Drejtës Ndërkombëtare]

1. Marrëveshjet ndërkombëtare të ratifikuara nga Republika e Kosovës, bëhen pjesë e sistemit të brendshëm juridik pasi të botohen në Gazetën Zyrtare të Republikës së Kosovës. Ato zbatohen në mënyrë të drejtpërdrejtë, me përjashtim të rasteve kur nuk janë të vetëzbatueshme dhe zbatimi i tyre kërkon nxjerrjen e një ligji.

2. Marrëveshjet ndërkombëtare të ratifikuara dhe normat juridikisht të detyrueshme të së drejtës ndërkombëtare kanë epërsi ndaj ligjeve të Republikës së Kosovës.

Neni 20 [Bartja e Sovranitetit]

1. Republika e Kosovës, në bazë të marrëveshjeve të ratifikuara ndërkombëtare, për çështje të caktuara mund të kalojë kompetenca shtetërore organizatave ndërkombëtare.

2. Nëse një marrëveshje anëtarësimi e ratifikuar nga Republika e Kosovës për pjesëmarrje në një organizatë ndërkombëtare në mënyrë eksplicite kërkon zbatim të drejtpërdrejtë të normave të kësaj organizate, ligji me të cilin ratifikohet marrëveshja e anëtarësisë miratohet me votat e dy të tretave (2/3) të të gjithë deputetëve të Kuvendit dhe ato norma kanë epërsi ndaj ligjeve të Republikës së Kosovës.

Kapitulli II   Të Drejtat dhe Liritë Themelore

Neni 21   [Parimet e Përgjithshme]

1. Të drejtat dhe liritë themelore të njeriut janë të pandashme, të patjetërsueshme e të pacenueshme dhe janë bazë e rendit juridik të Republikës së Kosovës.

2. Republika e Kosovës mbron dhe garanton të drejtat dhe liritë themelore të njeriut, të parashikuara në këtë Kushtetutë.

3. Çdokush e ka për detyrë t'i respektojë të drejtat e njeriut dhe liritë themelore të të tjerëve.

4. Të drejtat dhe liritë themelore të parashikuara në Kushtetutë, vlejnë edhe për personat juridikë, për aq sa janë të zbatueshme.

Neni 22 [Zbatimi i drejtpërdrejtë i Marrëveshjeve dhe Instrumenteve Ndërkombëtare]

Të drejtat dhe liritë e njeriut të garantuara me marrëveshjet dhe instrumentet ndërkombëtare në vijim, garantohen me këtë Kushtetutë, zbatohen drejtpërdrejtë në Republikën e Kosovës dhe kanë prioritet, në rast konflikti, ndaj dispozitave e ligjeve dhe akteve të tjera të institucioneve publike:

(1) Deklarata Universale për të Drejtat e Njeriut;

(2) Konventa Evropiane për Mbrojtjen e të Drejtave dhe Lirive Themelore të Njeriut dhe Protokollet e saj;

(3) Konventa Ndërkombëtare për të Drejtat Civile e Politike dhe Protokollet e saj;

(4) Konventa Kornizë e Këshillit të Evropës për Mbrojtjen e Pakicave Kombëtare;

(5) Konventa për Eliminimin e të gjitha Formave të Diskriminimit Racor;

(6) Konventa për Eliminimin e të gjitha Formave të Diskriminimit ndaj Gruas;

(7) Konventa për të Drejtat e Fëmijës;

(8) Konventa kundër Torturës dhe Trajtimeve e Ndëshkimeve të tjera Mizore, Jonjerëzore dhe Poshtëruese.

Neni 23 [Dinjiteti i Njeriut]

Dinjiteti i njeriut është i pacenueshëm dhe është bazë e të gjitha të drejtave dhe lirive themelore të njeriut.

Neni 24 [Barazia para Ligjit]

3. Të gjithë janë të barabartë para ligjit. Çdokush gëzon të drejtën e mbrojtjes së barabartë ligjore, pa diskriminim.

4. Askush nuk mund të diskriminohet në bazë të racës, ngjyrës, gjinisë, gjuhës, fesë, mendimeve politike ose të tjera, prejardhjes kombëtare a shoqërore, lidhjes me ndonjë komunitet, pronës, gjendjes ekonomike, sociale, orientimit seksual, lindjes, aftësisë së kufizuar ose ndonjë statusi tjetër personal.

5. Parimet e mbrojtjes së barabartë ligjore nuk parandalojnë vënien e masave të nevojshme për mbrojtjen dhe përparimin e të drejtave të individëve dhe grupeve që janë në pozitë të pabarabartë. Masat e tilla do të zbatohen vetëm derisa të arrihet qëllimi për të cilin janë vënë ato.

Neni 25 [E Drejta për Jetën]

1. Secili individ gëzon të drejtën për jetën.

2. Dënimi me vdekje është i ndaluar.

Neni 26 [E Drejta e Integritetit Personal]

Secili person gëzon të drejtën e respektimit të integritetit fizik dhe psikik të tij/saj, që përfshin:

(1) të drejtën që të marrë vendime lidhur me reprodukimin, sipas rregullave dhe procedurave të përcaktuara me ligj;

(2) të drejtën që të ketë kontroll mbi trupin e saj/tij në pajtim me ligjin;

(3) të drejtën që të mos i nënshtrohet trajtimit mjekësor kundër vullnetit të tij/saj në pajtim me ligjin;

(4) të drejtën që të mos marrë pjesë në eksperimente mjekësore ose shkencore, pa pëlqimin paraprak të saj/tij.

Neni 27 [Ndalimi i Torturës, Trajtimit Mizor, Çnjerëzor ose Poshtërues]

Askush nuk i nënshtrohet torturës, ndëshkimit a trajtimit mizor, çnjerëzor ose poshtërues.

Neni 28 [Ndalimi i Skllavërisë dhe i Punës së Detyruar]

1. Askush nuk mund të mbahet në skllavëri ose në pozitë të ngjashme me skllavërinë.

2. Askush nuk mund të shtrëngohet për të kryer punë të detyruar. Punë e detyruar nuk konsiderohet puna ose shërbimi i përcaktuar me ligj për personat e dënuar me vendim të formës së prerë gjatë vuajtjes së dënimit ose në raste të Gjendjes së Jashtëzakonshme, të shpallur sipas rregullave të përcaktuara me këtë Kushtetutë.

3. Trafikimi i qenieve njerëzore është i ndaluar.

Neni 29 [E Drejta e Lirisë dhe Sigurisë]

1. Secilit i garantohet e drejta e lirisë dhe sigurisë. Askush nuk mund të privohet nga liria me përjashtim të rasteve të parapara me ligj dhe me vendim të gjykatës kompetente, si në vijim:

    (1) pas shpalljes së dënimit me burgim për kryerjen e veprës penale;

    (2) për dyshim të bazuar për kryerje të veprës penale, vetëm kur privimi nga liria me një bazë të arsyeshme konsiderohet i domosdoshëm për të parandaluar kryerjen e një vepre tjetër penale dhe vetëm për një periudhë të shkurtër kohore para gjykimit në mënyrën e përcaktuar me ligj;

    (3) për mbikëqyrjen e të miturit për qëllime edukimi ose për shoqërimin e tij/saj në një institucion kompetent, sipas një urdhri të ligjshëm;

    (4) për mbikëqyrje shëndetësore të personit, i cili për shkak të sëmundjes paraqet rrezik për shoqërinë;

    (5) për hyrje të paligjshme në Republikën e Kosovës ose pas urdhrit të ligjshëm për largim ose ekstradim.

2. Çdokush që privohet nga liria, duhet të vihet në dijeni menjëherë, për arsyet e privimit, në gjuhën që ajo/ai e kupton. Njoftimi me shkrim mbi arsyet e privimit duhet të bëhet sa më shpejt që të jetë e mundshme. Çdokush që privohet nga liria pa urdhër të gjykatës, brenda dyzet e tetë (48) orësh duhet të dërgohet përpara gjyqtarit, i cili vendos për paraburgimin ose lirimin e tij/saj, jo më vonë se dyzet e tetë (48) orë nga momenti kur personi i privuar është sjellë para gjykatës. Çdokush që arrestohet, ka të drejtën që të nxirret në gjykim brenda një periudhe të arsyeshme, ose të lirohet në pritje të gjykimit, me përjashtim kur gjyqtari

konstaton se personi përbën rrezik për komunitetin ose ka rrezik për ikjen e saj/tij para gjykimit.

3. Çdokush që privohet nga liria, duhet të njoftohet menjëherë se ka të drejtë të mos japë asnjë deklaratë dhe se ka të drejtë për mbrojtës sipas zgjedhjes së tij/saj dhe ka të drejtë që pa vonesë të informojë për këtë personin sipas zgjedhjes së vet.

4. Çdokush që i hiqet liria me arrest ose ndalim, gëzon të drejtën që të përdorë mjete juridike për të sfiduar ligjshmërinë e arrestit ose të ndalimit. Rasti do të vendoset nga gjykata brenda një afati sa më të shkurtër dhe nëse arresti ose ndalimi është i paligjshëm, do të urdhërohet lirimi i personit.

5. Çdokush që është ndaluar ose arrestuar në kundërshtim me dispozitat e këtij neni, gëzon të drejtën e kompensimit në mënyrën e parashikuar me ligj.

6. Personi që vuan dënimin, ka të drejtë të ankohet për kushtet e privimit nga liria, në mënyrën e përcaktuar me ligj.

Neni 30   [Të Drejat e të Akuzuarit]

Çdokush që akuzohet për vepër penale, gëzon të drejtat minimale në vijim:

(1) të njoftohet menjëherë në gjuhën që kupton, për natyrën dhe shkakun e akuzës kundër saj/tij;

(2) të njoftohet për të drejtat e tij/saj sipas ligjit;

(3) të ketë kohë, mundësi dhe mjete të mjaftueshme për të përgatitur mbrojtjen e vet;

(4) të ketë ndihmën pa pagesë të një përkthyesi, kur nuk flet ose nuk kupton gjuhën në të cilën zhvillohet gjykimi;

(5) të ketë ndihmën e një mbrojtësi që e zgjedh, të komunikojë lirisht me të dhe, nëse nuk ka mjete të mjaftueshme, t'i sigurohet mbrojtja falas;

(6) të mos shtrëngohet për të dëshmuar kundër vetvetes ose për të pranuar fajësinë e vet.

Neni 31   [E Drejta për Gjykim të Drejtë dhe të Paanshëm]

1. Çdokujt i garantohet mbrojtje e barabartë e të drejtave në procedurë para gjykatave, organeve të tjera shtetërore dhe bartësve të kompetencave publike.

2. Çdokush gëzon të drejtën për shqyrtim publik të drejtë dhe të paanshëm lidhur me vendimet për të drejtat dhe obligimet ose për cilëndo akuzë penale që ngrihet kundër saj/tij brenda një afati të arsyeshëm, nga një gjykatë e pavarur dhe e paanshme, e themeluar me ligj.

3. Gjykimi është publik, me përjashtim të rasteve kur gjykata, në rrethana të veçanta, konsideron se, në të mirë të drejtësisë, është i domosdoshëm përjashtimi i publikut, ose i përfaqësuesve të medieve, sepse prania e tyre do të përbënte rrezik për rendin publik ose sigurinë kombëtare, interesat e të miturve, ose për mbrojtjen e jetës private të palëve në proces, në mënyrën e përcaktuar me ligj.

4. Çdokush i akuzuar për vepër penale ka të drejtë t'u bëjë pyetje dëshmitarëve dhe të kërkojë paraqitjen e detyrueshme të dëshmitarëve, të ekspertëve dhe të personave të tjerë, të cilët mund të sqarojnë faktet.

5. Çdokush i akuzuar për vepër penale, prezumohet të jetë i pafajshëm derisa të mos dëshmohet fajësia e tij/saj, në pajtim me ligjin.

6. Ndihma juridike falas do t'u mundësohet atyre që nuk kanë mjete të mjaftueshme financiare, nëse një ndihmë e tillë është e domosdoshme për të siguruar qasjen efektive në drejtësi.

7. Procedurat gjyqësore që përfshijnë të miturit rregullohen me ligj, duke respektuar rregullat dhe procedurat e veçanta për të miturit.

Neni 32 [E Drejta për Mjete Juridike]

Secili person ka të drejtë të përdorë mjetet juridike kundër vendimeve gjyqësore dhe administrative të cilat cenojnë të drejtat ose interesat e saj/tij në mënyrën e përcaktuar me ligj.

Neni 33 [Parimi i Legalitetit dhe Proporcionalitetit në Rastet Penale]

1. Askush nuk mund të akuzohet ose të dënohet për asnjë vepër e cila, në momentin e kryerjes, nuk ka qenë e përcaktuar me ligj si vepër penale, me përjashtim të veprave të cilat, në kohën e kryerjes së tyre, sipas së drejtës ndërkombëtare, përbënin gjenocid, krime lufte ose krime kundër njerëzimit.

2. Dënimi i shqiptuar për një vepër penale nuk mund të jetë më i ashpër sesa ka qenë i përcaktuar me ligj në kohën e kryerjes së veprës.

3. Ashpërsia e dënimit nuk mund të jetë në disproporcion me veprën penale.

4. Dënimet përcaktohen në bazë të ligjit që ka qenë në fuqi në kohën e kryerjes së veprës penale, me përjashtim të veprave për të cilat ligji i mëvonshëm i aplikueshëm është më i favorshëm për kryesin e veprës.

Neni 34 [E Drejta për të mos u Gjykuar dy herë për të njëjtën Vepër]

Askush nuk mund të gjykohet më shumë se një herë për të njëjtën vepër penale.

Neni 35 [Liria e Lëvizjes]

4. Shtetasit e Republikës së Kosovës dhe të huajt që janë banorë të ligjshëm të Kosovës, kanë të drejtë të lëvizin lirisht në Republikën e Kosovës dhe të zgjedhin vendbanimin.

5. Secili person ka të drejtë të largohet nga vendi. Kufizimet e kësaj të drejte rregullohen me ligj, nëse ato janë të nevojshme për procedurën ligjore, zbatimin e vendimit të gjykatës ose për të përmbushur obligimin për mbrojtjen e shtetit.

6. Shtetasve të Republikës së Kosovës nuk do t'u ndalohet hyrja në Republikën e Kosovës.

7. Shtetasit e Republikës së Kosovës nuk mund të ekstradohen nga Kosova kundër vullnetit të tyre, me përjashtim të rasteve kur me ligj dhe marrëveshjet ndërkombëtare është përcaktuar ndryshe.

8. E drejta e të huajve për të hyrë në Republikën e Kosovës dhe për t'u vendosur në vend, rregullohet me ligj.

Neni 36 [E Drejta e Privatësisë]

1. Çdokush gëzon të drejtën që t'i respektohet jeta private dhe familjare, pacenueshmëria e banesës dhe fshehtësia e korrespondencës, telefonisë dhe e komunikimeve të tjera.

2. Kontrollet e cilësdo banese ose cilitdo objekti privat, që mendohet se janë të domosdoshme për hetimin e krimit, mund të bëhen vetëm deri në shkallën e domosdoshme dhe vetëm pas miratimit nga ana e gjykatës, pas shpjegimit të arsyeve pse një kontroll i tillë është i domosdoshëm. Shmangia nga kjo rregull lejohet, nëse është e domosdoshme për arrestim të ligjshëm, për mbledhjen e provave që ka rrezik të humbasin ose për mënjanimin e rrezikut të drejtpërdrejtë dhe serioz për njerëzit dhe për pasuri, në mënyrën e përcaktuar me ligj. Gjykata duhet që të miratoj veprimet e tilla në mënyrë retroaktive.

3. Fshehtësia e korrespondencës, telefonisë dhe komunikimit tjetër, është e drejtë e pacenueshme. Kjo e drejtë mund të kufizohet vetëm përkohësisht, në bazë të vendimit gjyqësor, nëse është e domosdoshme për ecurinë e procedurës penale ose për mbrojtjen e vendit, në mënyrën e parashikuar me ligj.

4. Secili person gëzon të drejtën e mbrojtjes së të dhënave personale. Mbledhja, ruajtja, qasja, korrigjimi dhe shfrytëzimi i tyre rregullohet me ligj.

Neni 37 [E Drejta e Martesës dhe Familjes]

3. Në bazë të pëlqimit të lirë, çdokush gëzon të drejtën të martohet dhe të drejtën që të krijojë familje në pajtim me ligjin.

4. Martesa dhe zgjidhja e saj rregullohen me ligj dhe bazohen në barazinë e bashkëshortëve.

5. Familja gëzon mbrojtje të veçantë të shtetit, në mënyrën e rregulluar me ligj.

Neni 38 [Liria e Besimit, e Ndërgjegjes dhe e Fesë]

4. Liria e besimit, e ndërgjegjes dhe e fesë, është e garantuar.

5. Liria e besimit, e ndërgjegjes dhe e fesë ngërthen të drejtën për të pranuar dhe për të manifestuar fenë, të drejtën për të shfaqur bindjet personale dhe të drejtën për të pranuar ose refuzuar për të qenë anëtarë i një bashkësie ose grupi fetar.

6. Askush nuk mund të detyrohet ose të ndalohet, në kundërshtim me ndërgjegjen e vet, që të marrë pjesë në praktikimin e fesë si dhe të bëjë publike bindjet ose besimin e tij/saj.

7. Liria e manifestimit të fesë, e besimit dhe e ndërgjegjes mund të kufizohet me ligj, nëse një gjë e tillë është e domosdoshme për mbrojtjen e sigurisë dhe rendit publik, të shëndetit, ose të të drejtave të personave të tjerë.

Neni 39 [Konfesionet Fetare]

4. Republika e Kosovës siguron dhe mbron autonominë fetare dhe monumentet fetare brenda territorit të saj.

5. Konfesionet fetare janë të lira që të rregullojnë pavarësisht organizimin e vet të brendshëm, veprimtaritë fetare, si dhe ritet fetare.

6. Konfesionet fetare kanë të drejtë të themelojnë shkolla fetare dhe institucione bamirëse në pajtim me këtë Kushtetutë dhe me ligj.

Neni 40 [Liria e Shprehjes]

1. Liria e shprehjes është e garantuar. Liria e shprehjes përfshin të drejtën për të shprehur, për të shpërndarë dhe për të marrë informacione, mendime dhe mesazhe të tjera, pa u penguar nga askush.

6. Liria e shprehjes mund të kufizohet me ligj në raste kur një gjë e tillë është e domosdoshme për parandalimin e nxitjes dhe provokimit të dhunës dhe armiqësive në baza të urrejtjes racore, kombëtare, etnike ose fetare.

Neni 41   [E Drejta e Qasjes në Dokumente Publike]

3. Secili person gëzon të drejtën të qasjes në dokumente publike.

4. Dokumentet që mbajnë institucionet publike dhe organet e pushtetit shtetëror, janë publike, me përjashtim të informacioneve që janë të kufizuara me ligj, për shkak të privatësisë, të sekreteve afariste ose të informacioneve të klasifikuara të sigurisë.

Neni 42   [Liria e Medieve]

3. Garantohet liria dhe pluralizmi i medieve.

4. Censura është e ndaluar. Askush nuk mund të pengojë shpërndarjen e informacionit ose të ideve nëpërmjet medieve, me përjashtim të rasteve kur një gjë e tillë është e domosdoshme për parandalimin e nxitjes dhe provokimit të dhunës dhe armiqësive në baza të urrejtjes racore, kombëtare, etnike ose fetare.

5. Çdokush ka të drejtë të korrigjojë informacionin e pavërtetë, jo të plotë ose të pasaktë të publikuar, nëse cenon të drejtat ose interesat e saj/tij, në pajtim me ligjin.

Neni 43   [Liria e Tubimit]

Liria e tubimit paqësor është e garantuar. Secili person gëzon të drejtën për të organizuar tubime, protesta dhe demonstrata, si dhe të drejtën për të marrë pjesë në to. Këto të drejta mund të kufizohen me ligj, nëse është e domosdoshme për të siguruar rendin publik, shëndetin publik, sigurinë kombëtare, ose mbrojtjen e të drejtave të të tjerëve.

Neni 44   [Liria e Asociimit]

3. Liria e asociimit është e garantuar. Liria e asociimit ngërthen të drejtën e secilit për të themeluar një organizatë pa pasur nevojë të sigurojë leje, për të qenë ose për të mos qenë anëtar i një organizate, si dhe për të marrë pjesë në aktivitete të një organizate.

4. Liria për të themeluar sindikata dhe për t'u organizuar, me qëllim që të mbrohen interesat, është e garantuar. Kufizimi i kësaj të drejte mund të bëhet me ligj për kategori të veçanta të punonjësve.

3. Organizatat ose aktivitetet që kanë për qëllim cenimin e rendit kushtetues, shkeljen e lirive dhe të drejtave të njeriut, ose nxitjen e urrejtjes racore, kombëtare, etnike a fetare, mund të ndalohen me vendim gjyqësor të gjykatës kompetente.

Neni 45   [Të Drejtat Zgjedhore dhe të Pjesëmarrjes]

1. Çdo shtetas i Republikës së Kosovës që ka arritur moshën tetëmbëdhjetë vjeç, qoftë edhe ditën e zgjedhjeve, gëzon të drejtën të zgjedhë dhe të zgjedhet, me përjashtim kur kjo e drejtë i kufizohet me vendim gjyqësor.

2. Vota është personale, e barabartë, e lirë dhe e fshehtë.

3. Institucionet shtetërore mbështesin mundësitë për pjesëmarrjen e çdonjërit në aktivitete publike dhe të drejtën e secilit për të ndikuar në mënyrë demokratike në vendimet e organeve publike.

Neni 46   [Mbrojtja e Pronës]

1. E drejta e pronës është e garantuar.

2. Shfrytëzimi i pronës rregullohet me ligj, në pajtim me interesin publik.

3. Askush nuk do të privohet në mënyrë arbitrare nga prona. Republika e Kosovës ose autoriteti publik i Republikës së Kosovës mund të bëj ekspropriimin e pronës nëse ky ekspropriim është i autorizuar me ligj, është i nevojshëm ose i përshtatshëm për arritjen e qëllimit publik ose përkrahjen e interesit publik, dhe pasohet me sigurimin e kompensimit të menjëhershëm dhe adekuat për personin ose personat prona e të cilave ekspropriohet.

4. Kontestet që lindin nga akti i Republikës së Kosovës ose autoritetit publik të Republikës së Kosovës për të cilat pretendohet se përbëjnë ekspropriimin, do të zgjidhen nga gjykata kompetente.

5. Prona intelektuale mbrohet me ligj.

Neni 47   [E Drejta për Arsimin]

1. Secili person gëzon të drejtën e shkollimit themelor pa pagesë. Shkollimi i detyrueshëm rregullohen me ligj dhe financohet nga fondet publike.

2. Institucionet publike sigurojnë për secilin person mundësi të barabarta për t'u arsimuar, sipas aftësive dhe nevojave të veçanta të tij/saj.

Neni 48 **[Liria e Artit dhe e Shkencës]**

1. Liria e krijimtarisë artistike dhe shkencore është e garantuar.

2. Liria akademike është e garantuar.

Neni 49 **[E Drejta e Punës dhe Ushtrimit të Profesionit]**

1. E drejta e punës garantohet.

2. Secili person është i lirë të zgjedhë profesionin dhe vendin e punës.

Neni 50 **[Të Drejtat e Fëmijës]**

1. Fëmijët gëzojnë të drejtën e mbrojtjes dhe të kujdesit të domosdoshëm për mirëqenien e tyre.

2. Fëmijët e lindur jashtë martese, kanë të drejta të barabarta me të lindurit në martesë.

3. Secili fëmijë gëzon të drejtën për të qenë i mbrojtur nga dhuna, keqtrajtimi dhe eksploatimi.

4. Të gjitha veprimet që kanë të bëjnë me fëmijët, të ndërmarra qoftë nga institucionet e pushtetit publik, qoftë nga institucionet private, do të jenë në interesin më të mirë të fëmijëve.

5. Secili fëmijë gëzon të drejtën për raporte të rregullta personale dhe kontakte të drejtpërdrejta me prindërit e vet, me përjashtim kur institucioni kompetent përcakton se një gjë e tillë është në kundërshtim me interesat më të mira të fëmijës.

Neni 51 **[Mbrojtja Shëndetësore dhe Sociale]**

1. Kujdesi shëndetësor dhe sigurimi social rregullohen me ligj.

2. Sigurimi social themelor, që ka të bëjë me papunësinë, sëmundjen, aftësitë e kufizuara dhe moshën e shtyrë, rregullohet me ligj.

Neni 52 **[Përgjegjësia për Mjedisin Jetësor]**

1. Natyra dhe biodiversiteti, mjedisi jetësor dhe trashëgimia kombëtare, janë përgjegjësi për secilin.

2. Institucionet e pushtetit publik angazhohen për t'i garantuar secilit mundësinë që të ndikojë në vendimet që kanë të bëjnë me mjedisin jetësor ku ajo/ai jeton.

3. Ndikimi në mjedisin jetësor merret parasysh nga institucionet publike në procesin e marrjes së vendimeve.

Neni 53 [Interpretimi i Dispozitave për të Drejtat e Njeriut]

Të drejtat njeriut dhe liritë themelore të garantuara me këtë Kushtetutë, interpretohen në harmoni me vendimet gjyqësore të Gjykatës Evropiane për të Drejtat e Njeriut.

Neni 54 [Mbrojtja Gjyqësore e të Drejtave]

Çdokush gëzon të drejtën e mbrojtjes gjyqësore në rast të shkeljes ose mohimit të ndonjë të drejte të garantuar me këtë Kushtetutë ose me ligj, si dhe të drejtën në mjete efektive ligjore nëse konstatohet se një e drejtë e tillë është shkelur.

Neni 55 [Kufizimi i të Drejtave dhe Lirive Themelore]

1. Të drejtat dhe liritë themelore të garantuara me këtë Kushtetutë, mund të kufizohen vetëm me ligj.

2. Të drejtat dhe liritë themelore të garantuara me këtë Kushtetutë, mund të kufizohen vetëm deri në atë masë sa është e domosdoshme që, në një shoqëri të hapur dhe demokratike, të përmbushet qëllimi për të cilin lejohet kufizimi.

3. Kufizimet e të drejtave dhe lirive themelore të garantuara me këtë Kushtetutë, nuk mund të bëhen për qëllime të tjera, përveç atyre për të cilat janë përcaktuar.

4. Me rastin e kufizimit të të drejtave të njeriut dhe interpretimit të atyre kufizimeve, të gjitha institucionet e pushtetit publik, dhe sidomos gjykatat, e kanë për detyrë t'i kushtojnë kujdes esencës së të drejtës që kufizohet, rëndësisë së qëllimit të kufizimit, natyrës dhe vëllimit të kufizimit, raportit midis kufizimit dhe qëllimit që synohet të arrihet, si dhe të shqyrtojnë mundësinë e realizimit të atij qëllimi me kufizim më të vogël.

5. Kufizimi i të drejtave dhe lirive të garantuara me këtë Kushtetutë, nuk bën të mohojë kurrsesi esencën e së drejtës së garantuar.

Neni 56 [Të Drejtat dhe Liritë Themelore gjatë Gjendjes së Jashtëzakonshme]

6. Shmangia nga të drejtat dhe liritë themelore që mbrohen me Kushtetutë, mund të bëhet vetëm pas shpalljes së Gjendjes së Jashtëzakonshme sipas kësaj Kushtetute dhe vetëm deri në masën sa është e domosdoshme nën rrethanat e dhëna.

2. Shmangia nga të drejtat dhe liritë themelore të garantuara me nenet 23, 24, 25, 27, 28, 29, 31, 33, 34, 37 dhe 38, të Kushtetutës nuk është e lejuar në kurrfarë rrethanash.

Kapitulli III   **Të Drejtat e Komuniteteve dhe Pjesëtarëve të tyre**

Neni 57   **[Parimet e Përgjithshme]**

1. Banorët që i përkasin një grupi të njëjtë kombëtar ose etnik, gjuhësor ose fetar, tradicionalisht të pranishëm në territorin e Republikës së Kosovës (Komunitetet), gëzojnë të drejta të veçanta, të përcaktuara me këtë Kushtetutë, krahas të drejtave dhe lirive themelore të njeriut, të përcaktuara në Kapitullin II të kësaj Kushtetute.

2. Çdo pjesëtar i komunitetit do të ketë të drejtën që të zgjedhë lirisht nëse do të trajtohet ose të mos trajtohet si pjesëtar i komunitetit dhe nga kjo zgjedhje ose nga ushtrimi i të drejtave që ndërlidhen me këtë zgjedhje, nuk do të rezultojë asnjë diskriminim.

3. Pjesëtarët e komuniteteve do të kenë të drejtë që të shprehin, të avancojnë dhe të zhvillojnë lirisht identitetin dhe atributet e tyre si komunitet.

4. Ushtrimi i këtyre të drejtave do të bartë me vete detyrimet dhe përgjegjësitë për të vepruar në pajtim me ligjin e Republikës së Kosovës, dhe nuk i cenon të drejtat e të tjerëve.

Neni 58   **[Përgjegjësitë e Shtetit]**

1. Republika e Kosovës siguron kushtet e duhura, të cilat u mundësojnë komuniteteve dhe pjesëtarëve të tyre që të ruajnë, të mbrojnë dhe të zhvillojnë identitetin e tyre. Qeveria do të përkrahë veçanërisht nismat kulturore të komuniteteve dhe pjesëtarëve të tyre, përfshirë këtu edhe nëpërmjet ndihmës financiare.

2. Republika e Kosovës do të promovoj frymën e tolerancës, dialogut dhe do të mbështesë pajtimin ndërmjet komuniteteve dhe do të respektoj standardet e përcaktuara me Konventën Kornizë të Këshillit të Evropës për Mbrojtjen e Pakicave Kombëtare dhe me Kartën Evropiane për Gjuhët Rajonale ose të Pakicave.

3. Republika e Kosovës do të ndërmerr të gjitha masat e nevojshme për të mbrojtur personat të cilët mund t'u nënshtrohen kërcënimeve ose veprimeve diskriminuese, armiqësisë a dhunës, si rrjedhojë e identitetit të tyre kombëtar, etnik, kulturor, gjuhësor ose fetar.

4. Republika e Kosovës, sipas nevojës, do të miratojë masa adekuate për të promovuar një barazi të plotë dhe efektive ndërmjet pjesëtarëve të komuniteteve në të gjitha fushat e jetës ekonomike, shoqërore, politike dhe kulturore. Masat e tilla nuk do të konsiderohen të jenë vepër e diskriminimit.

5. Republika e Kosovës do të promovoj ruajtjen e trashëgimisë fetare dhe kulturore të të gjitha komuniteteve, si pjesë përbërëse e trashëgimisë së Kosovës. Republika e Kosovës do të ketë detyrë të posaçme për të siguruar mbrojtjen efektive të tërësisë së objekteve dhe monumenteve të rëndësisë kulturore dhe fetare për komunitetet.

6. Republika e Kosovës ndërmerr veprime efektive kundër të gjithë atyre që pengojnë gëzimin e të drejtave të pjesëtarëve të komuniteteve. Republika e Kosovës do të përmbahet nga politikat ose praktikat që kanë për qëllim asimilimin, kundër vullnetit të tyre, të personave që u përkasin komuniteteve, dhe do t'i mbrojë ata persona nga çfarëdo veprimi që ka për qëllim një asimilim të tillë.

7. Republika e Kosovës siguron, në baza jodiskriminuese, që të gjitha komunitetet dhe pjesëtarët e tyre të mund të ushtrojnë të drejtat e tyre, të specifikuara me këtë Kushtetutë.

Neni 59   [Të Drejtat e Komuniteteve dhe Pjesëtarëve të Tyre]

Pjesëtarët e komuniteteve kanë të drejtë që, në mënyrë individuale ose si komunitet:

(1) të shprehin, mbajnë dhe zhvillojnë kulturën e tyre dhe të ruajnë elementet thelbësore të identitetit të tyre, përkatësisht fenë, gjuhën, traditat dhe kulturën e tyre;

(2) të marrin arsimim publik në të gjitha nivelet, në njërën nga gjuhët zyrtare të Republikës se Kosovës, sipas zgjidhjes së tyre;

(3) të marrin arsimim publik parafillor, fillor dhe të mesëm, në gjuhën e tyre, deri në masën e përcaktuar me ligj, ku pragu për themelimin e paraleleve a shkollave të veçanta për këtë qëllim, do të jetë më i ulët sesa ai që përcaktohet rëndom për institucionet arsimore;

(4) të themelojnë dhe të menaxhojnë institucionet private të arsimit dhe trajnimit, për të cilat mund të jepet ndihma financiare publike, në pajtim me ligjin dhe standardet ndërkombëtare;

(5) të përdorin gjuhën dhe alfabetin e tyre lirisht në jetën private dhe publike;

(6) të përdorin gjuhën dhe alfabetin e tyre në marrëdhëniet e tyre me autoritetet komunale ose me zyrat lokale të autoriteteve qendrore në fushat në të cilat ata përfaqësojnë një pjesë të mjaftueshme të popullatës, në pajtim me ligjin. Shpenzimet e bëra për interpretuesit ose përkthyesit, do të mbulohen nga autoritetet kompetente;

(7) të përdorin dhe të shfaqin simbolet e komunitetit, në pajtim me ligjin dhe standardet ndërkombëtare;

(8) të regjistrojnë emrat personal në formën e tyre origjinale dhe në shkrimin e gjuhës së tyre, si dhe emrat e tyre t'i kthejnë në formën origjinale, nëse u janë ndryshuar me dhunë;

(9) të kenë emërtime lokale, emërtime të rrugëve dhe tregues të tjerë topografikë, që pasqyrojnë dhe janë të ndjeshëm ndaj karakterit shumetnik dhe shumëgjuhësor të zonës përkatëse;

(10) të kenë qasje të garantuar dhe përfaqësim të veçantë në mediet transmetuese publike si dhe programet në gjuhën e tyre, në pajtim me ligjin dhe standardet ndërkombëtare;

(11) të krijojnë dhe të përdorin mediet e tyre vetjake, përfshirë këtu ofrimin e informacioneve në gjuhën e tyre, ndër të tjera, përmes gazetave ditore e shërbimeve kabllore, dhe përdorimin e një numri të rezervuar të frekuencave për mediet elektronike, në pajtim me ligjin dhe standardet ndërkombëtare. Republika e Kosovës do të marrë të gjitha masat e nevojshme për sigurimin e një plani ndërkombëtar të frekuencave, për t'i mundësuar komunitetit Serb në Kosovë qasje në një kanal televiziv të pavarur, të licencuar në gjuhën Serbe, në mbarë Republikën e Kosovës;

(12) të gëzojnë kontakte të papenguara ndërmjet tyre përbrenda Republikës së Kosovës, dhe të themelojnë e të mbajnë kontakte të lira dhe paqësore me personat në cilindo shtet, sidomos me ata që kanë të përbashkët identitetin etnik, kulturor, gjuhësor a fetar, ose trashëgiminë e përbashkët kulturore, në pajtim me ligjin dhe standardet ndërkombëtare;

(13) të gëzojnë kontakte të papenguara me dhe të marrin pjesë, pa diskriminim, në aktivitetet e organizatave joqeveritare lokale, rajonale dhe ndërkombëtare;

(14) të themelojnë shoqata të kulturës, artit, shkencës dhe arsimit, si dhe shoqata të studiuesve e shoqata të tjera për shprehjen, avancimin dhe zhvillimin e identitetit të tyre.

Neni 60 [Këshilli Konsultativ për Komunitete]

1. Një Këshill Konsultativ për Komunitete vepron nën autoritetin e Presidentit të Republikës së Kosovës, në të të cilin përfaqësohen të gjitha komunitetet.

2. Këshilli Konsultativ për Komunitete përbëhet, përveç të tjerësh, nga përfaqësues të asociacioneve të komuniteteve.

3. Mandati i Këshillit Konsultativ për Komunitete përfshin:

    (1) ofrimin e një mekanizmi për shkëmbimin e rregullt ndërmjet komuniteteve dhe Qeverisë së Kosovës;

    (2) mundësinë e komuniteteve për të komentuar në një fazë të hershme nismat legjislative dhe politike, të cilat mund të përgatiten nga Qeveria, për të sugjeruar nisma të tilla

dhe për të kërkuar që pikëpamjet e tyre të përfshihen në projektet dhe programet përkatëse;

(3) çdo përgjegjësi a funksion tjetër, në pajtim me ligjin.

Neni 61 [Përfaqësimi në Punësim në Institucionet Publike]

Komunitetet dhe pjesëtarët e tyre do të kenë të drejtë për përfaqësim të barabartë në punësim në organet publike dhe ndërmarrjet publike në të gjitha nivelet, përfshirë këtu veçanërisht në shërbimin policor në zonat e banuara me komunitetin përkatës, duke respektuar në të njëjtën kohë rregullat që kanë të bëjnë me kompetencën dhe integritetin e qeverisjes së administratës publike.

Neni 62 [Përfaqësimi në Organet e Pushtetit Lokal]

3. Në komunat në të cilat së paku dhjetë për qind (10%) të banorëve u përkasin komuniteteve, të cilat në ato komuna nuk janë shumicë, posti i zëvendëskryetarit për komunitete të kuvendit të komunës do të rezervohet për një përfaqësues nga radhët e këtyre komuniteteve.

4. Postin e zëvendëskryetarit do ta mbajë kandidati që i përket popullatës që nuk është shumicë, që ka marrë shumicën e votave në listën e hapur të kandidatëve për zgjedhje për kuvendin e komunës.

5. Zëvendëskryetari për komunitetet, do të promovojë dialog ndërmjet komuniteteve dhe shërben si pikë formale e kontaktit për adresimin e brengave dhe interesave të komuniteteve që nuk janë shumicë në takimet e kuvendit të komunës dhe në punët e saj. Zëvendëskryetari gjithashtu është përgjegjës për shqyrtimin e ankesave që parashtrohen nga komunitetet ose pjesëtarët e tyre, nëse aktet a vendimet e kuvendit të komunës shkelin të drejtat e tyre të garantuara me Kushtetutë. Zëvendëskryetari këto çështje i'a referon kuvendit të komunës, për rishqyrtimin e aktit a të vendimit të marrë.

6. Në rast se kuvendi i komunës vendos që të mos rishqyrtojë aktin a vendimin e vet, ose nëse zëvendëskryetari vlerëson se, edhe pas rishqyrtimit rezultati përbën shkelje të të drejtave të garantuara me Kushtetutë, ai/ajo mund të parashtrojë çështjen drejtpërdrejt në Gjykatën Kushtetuese, e cila mund të vendosë nëse do të pranojë ta shqyrtojë rastin përkatës.

7. Në këto komuna përfaqësimi në organin ekzekutiv për komunitetet që nuk janë shumicë në Republikën e Kosovës është i garantuar.

Kapitulli IV   Kuvendi i Republikës së Kosovës

Neni 63   [Parimet e Përgjithshme]

Kuvendi është institucion ligjvënës i Republikës së Kosovës i zgjedhur drejtpërdrejt nga populli.

Neni 64   [Struktura e Kuvendit]

1. Kuvendi ka njëqind e njëzet (120) deputetë të zgjedhur me votim të fshehtë bazuar në listat e hapura. Vendet në Kuvend ndahen midis të gjitha partive, koalicioneve, nismave qytetare dhe kandidatëve të pavarur, në përpjesëtim me numrin e votave të vlefshme, të fituara prej tyre, në zgjedhjet për Kuvendin.

2. Në kuadër të kësaj ndarjeje, njëzet (20) prej njëqind e njëzet (120) vendeve janë të garantuara për përfaqësimin e komuniteteve që nuk janë shumicë në Kosovës, si vijon:

    (1) partitë, koalicionet, nismat qytetare dhe kandidatët e pavarur, të cilët janë deklaruar se përfaqësojnë komunitetin Serb, do të kenë numrin e vendeve në Kuvend të fituar në zgjedhjet e hapura, me minimumin dhjetë (10) vende të garantuara, në rast se numri i vendeve të fituara është më i vogël se dhjetë (10);

    (2) partitë, koalicionet, nismat qytetare dhe kandidatët e pavarur, të cilët janë deklaruar se përfaqësojnë komunitetet e tjera, në Kuvend do të kenë numrin e vendeve të fituara në zgjedhjet e hapura me minimumin e vendeve të garantuara si në vijim: komuniteti Rom një (1) vend; komuniteti Ashkali një (1) vend; komuniteti Egjiptian një (1) vend; dhe një (1) vend shtesë do t'i jepet komunitetit Rom, Ashkali, ose Egjiptian, që ka numrin më të madh të votave të përgjithshme; komuniteti Boshnjak tri (3) vende, komuniteti Turk dy (2) vende dhe komuniteti Goran një (1) vend, nëse numri i vendeve të fituara nga secili komunitet është më i vogël se numri i vendeve të garantuara.

Neni 65   [Kompetencat e Kuvendit]

Kuvendi i Republikës së Kosovës:

5. miraton ligje, rezoluta dhe akte të tjera të përgjithshme;

6. vendos të ndryshojë Kushtetutën me dy të tretat (2/3) e votave të të gjithë deputetëve të tij, përfshirë dy të tretat (2/3) e të gjithë deputetëve që mbajnë vendet e rezervuara dhe të garantuara për përfaqësuesit e komuniteteve që nuk janë shumicë në Kosovë;

7. shpall referendum, në pajtim me ligjin;

3. ratifikon traktatet ndërkombëtare;

4. miraton Buxhetin e Republikës së Kosovës;

5. zgjedh dhe shkarkon Kryetarin dhe nënkryetarët e Kuvendit;

6. zgjedh dhe mund të shkarkojë Presidentin e Republikës së Kosovës në pajtim me këtë Kushtetutë;

7. zgjedh Qeverinë dhe shpreh mosbesimin ndaj saj;

8. mbikëqyr punën e Qeverisë dhe të institucioneve të tjera publike, të cilat, në bazë të Kushtetutës dhe ligjeve, i raportojnë Kuvendit;

9. zgjedh anëtarët e Këshillit Gjyqësor të Kosovës dhe të Këshillit Prokurorial të Kosovës, në pajtim me këtë Kushtetutë;

10. propozon gjyqtarët e Gjykatës Kushtetuese;

11. mbikëqyr politikën e jashtme dhe të sigurisë;

12. jep pëlqimin për dekretin e Presidentit mbi shpalljen e Gjendjes së Jashtëzakonshme;

13. vendos për çështjet me interes të përgjithshëm, të përcaktuara me ligj.

Neni 66   **[Zgjedhja dhe Mandati]**

4. Kuvendi i Kosovës zgjidhet me mandat katërvjeçar, duke filluar nga dita e seancës konstituive, që mbahet brenda tridhjetë (30) ditësh nga dita e shpalljes zyrtare të rezultateve të zgjedhjeve.

5. Zgjedhjet e rregullta për Kuvend mbahen më së voni tridhjetë (30) ditë para përfundimit të mandatit, kurse në raste të shpërndarjes së Kuvendit, jo më vonë se dyzet e pesë (45) ditë pas shpërndarjes.

6. Presidenti i Republikës së Kosovës e thërret seancën e parë të Kuvendit. Në rast se Presidenti (1) Republikës së Kosovës nuk është në gjendje të thërrasë seancën e parë, Kuvendi mblidhet pa pjesëmarrjen e Presidentit.

7. Mandati i Kuvendit të Kosovës mund të vazhdohet vetëm në raste të Gjendjes së Jashtëzakonshme për masa emergjente të mbrojtjes ose në rast të rrezikut ndaj rendit kushtetues ose sigurisë publike të Republikës së Kosovës, dhe vetëm për aq sa zgjat Gjendja e Jashtëzakonshme, siç është përcaktuar me këtë Kushtetutë.

5. Kushtet, zonat dhe procedurat zgjedhore, rregullohen me ligj.

Neni 67   **[Zgjedhja e Kryetarit dhe Nënkryetarëve]**

1. Kuvendi i Kosovës nga radhët e veta zgjedh Kryetarin dhe pesë (5) nënkryetarë.

2. Kryetari i Kuvendit propozohet nga grupi më i madh parlamentar dhe zgjedhet me shumicën e votave të të gjithë deputetëve të Kuvendit.

3. Tre (3) nënkryetarët të propozuar nga tri grupet më të mëdha parlamentare, zgjidhen me shumicën e votave të të gjithë deputetëve të Kuvendit.

4. Dy (2) nënkryetarë përfaqësojnë komunitetet që nuk janë shumicë në Kuvend dhe ata zgjidhen me shumicën e votave të të gjithë deputetëve. Njëri nënkryetar do të jetë nga radhët e deputetëve të Kuvendit që mbajnë vendet të rezervuara ose të garantuara të komunitetit Serb, dhe tjetri nënkryetar nga radhët e deputetëve të Kuvendit që mbajnë vende të rezervuara ose të garantuara nga komunitetet tjera që nuk janë shumicë.

5. Kryetari dhe nënkryetarët e Kuvendit shkarkohen me votën e shumicës prej dy të tretave (2/3) të numrit të përgjithshëm të deputetëve.

6. Kryetari dhe nënkryetarët formojnë Kryesinë e Kuvendit. Kryesia është përgjegjëse për funksionimin administrativ të Kuvendit në mënyrën e përcaktuar me Rregulloren e Punës të Kuvendit.

7. Kryetari i Kuvendit:

    (1) përfaqëson Kuvendin;

    (2) përcakton rendin e ditës, thërret dhe kryeson seancat;

    (3) nënshkruan aktet e miratuara nga Kuvendi;

    (4) ushtron edhe funksione të tjera, në bazë të kësaj Kushtetute dhe Rregullores së Punës të Kuvendit.

8. Në rast mungese ose pamundësie për të ushtruar funksionin, Kryetarin e Kuvendit e zëvendëson njëri nga nënkryetarët.

Neni 68   **[Seancat]**

1. Mbledhjet e Kuvendit të Kosovës janë publike.

6. Mbledhjet e Kuvendit të Kosovës mund të jenë të mbyllura me kërkesën e Presidentit të Republikës së Kosovës, të Kryeministrit ose të një të tretës (1/3) së deputetëve, në rastet e përcaktuara me Rregulloren e Punës të Kuvendit. Vendimi miratohet në mënyrë të hapur e transparente dhe kërkon votën e dy të tretave (2/3) të deputetëve të Kuvendit të pranishëm dhe që votojnë.

Neni 69   [Orari i Seancave dhe Kuorumi]

1. Kuvendi i Kosovës punimet vjetore i zhvillon në dy sesione.

2. Sesioni pranveror fillon të hënën e tretë të muajit janar, kurse sesioni vjeshtor fillon të hënën e dytë të muajit shtator.

3. Kuvendi ka kuorum kur janë të pranishëm më shumë se gjysma e të gjithë deputetëve të Kuvendit.

4. Kuvendi i Kosovës mblidhet në seancë të jashtëzakonshme me kërkesë të Presidentit të Republikës, të Kryeministrit ose të një të tretës (1/3) të deputetëve.

Neni 70   [Mandati i Deputetëve]

1. Deputetët e Kuvendit janë përfaqësues të popullit dhe nuk i nënshtrohen asnjë mandati detyrues.

2. Mandati i deputetit të Kuvendit të Kosovës fillon ditën e certifikimit të rezultatit të zgjedhjes.

3. Mandati i deputetit mbaron ose bëhet i pavlefshëm, nëse:

    (1) nuk bën betimin;

    (2) jep dorëheqjen;

    (3) emërohet anëtar i Qeverisë së Kosovës;

    (4) përfundon mandati i Kuvendit;

    (5) mungon gjashtë (6) muaj rresht në seancat e Kuvendit. Në raste të veçanta, Kuvendi i Kosovës mund të vendosë ndryshe;

    (6) dënohet me vendim gjyqësor të formës së prerë për vepër penale me një ose më shumë vjet burgim;

    (7) ajo/ai vdes.

4. Vendet e liruara të deputetëve në Kuvend, plotësohen menjëherë, në pajtim me këtë Kushtetutë dhe me ligjin.

Neni 71 [Kualifikimet dhe Barazia Gjinore]

1. Secili shtetas i Republikës së Kosovës i cili është tetëmbëdhjetë (18) vjeç ose më i madh dhe përmbush kriteret ligjore, mund të jetë kandidat për deputet.

2. Përbërja e Kuvendit të Kosovës do të respektoj parimet e barazisë gjinore të cilat janë të pranuara në pajtim me parimet ndërkombëtare.

Neni 72 [Papajtueshmëria]

Deputeti i Kuvendit të Kosovës nuk mund të mbajë ndonjë post ekzekutiv në administratën publike ose në ndonjë ndërmarrje në pronësi publike, dhe as të ushtrojë ndonjë funksion tjetër ekzekutiv, sikurse është përcaktuar me ligj.

Neni 73 [Pamundësia e Kandidimit]

1. Nuk mund të kandidohen dhe as të zgjidhen deputetë të Kuvendit, pa hequr dorë paraprakisht nga detyra e tyre:

    (1) gjyqtarët dhe prokurorët;

    (2) pjesëtarët e Forcës së Sigurisë të Kosovës;

    (3) pjesëtarët e Policisë së Kosovës;

    (4) pjesëtarët e Doganave të Kosovës;

    (5) pjesëtarët e Agjencisë së Kosovës për Inteligjencë;

    (6) udhëheqësit e agjencive të pavarura;

    (7) përfaqësuesit diplomatikë;

    (8) kryetarët dhe anëtarët e Komisionit Qendror të Zgjedhjeve.

2. Nuk mund të kandidohen për deputetë personat e privuar nga zotësia juridike për të vepruar, me vendim përfundimtar të gjykatës.

3. Kryetarët dhe zyrtarët e tjerë, të cilët mbajnë përgjegjësi ekzekutive në nivel komune, nuk mund të zgjidhen si deputetë të Kuvendit pa hequr dorë paraprakisht nga detyra e tyre.

Neni 74   [Ushtrimi i Funksionit]

Deputetët e Kuvendit të Kosovës ushtrojnë funksionin e tyre në interesin më të mirë të Republikës së Kosovës dhe në pajtim me këtë Kushtetutë, ligjet dhe rregullat e procedurës së Kuvendit.

Neni 75   [Imuniteti]

1. Deputetët e Kuvendit gëzojnë imunitet nga ndjekja penale, paditë civile ose shkarkimi për veprimet dhe vendimet e tyre brenda fushëveprimit të përgjegjësive të tyre si deputetë të Kuvendit. Imuniteti nuk pengon ndjekjen penale të deputetëve të Kuvendit për veprimet e ndërmarra jashtë fushëveprimit të përgjegjësive së tyre si deputetë të Kuvendit.

2. Deputeti i Kuvendit nuk mund të arrestohet dhe as ndalohet përderisa është duke kryer detyrat e tij/saj si deputet i Kuvendit, pa pëlqimin e shumicës së të gjithë deputetëve të Kuvendit.

Neni 76   [Rregullorja e Punës]

Rregullat e Punës së Kuvendit miratohen me dy të tretat (2/3) e votave të të gjithë deputetëve të tij dhe përcaktojnë organizimin e brendshëm dhe mënyrën e punës së Kuvendit.

Neni 77   [Komisionet]

1. Kuvendi i Kosovës emëron komisione të përhershme, komisione funksionale dhe komisione ad hoc, që pasqyrojnë përbërjen politike të Kuvendit.

2. Kuvendi, me kërkesën e një të tretës (1/3) së të gjithë deputetëve të tij, cakton komisione për një çështje të veçantë, duke përfshirë edhe çështje hetimore.

3. Së paku një zëvendëskryesues i secilit komision parlamentar, do të jetë nga radhët e komunitetit tjetër nga ai i kryesuesit.

4. Pushtetet dhe procedurat e komisioneve përkufizohen me Rregulloren e Punës të Kuvendit.

Neni 78   [Komisioni për të Drejtat dhe Interesat e Komuniteteve]

(31)   Komisioni për të Drejtat dhe Interesat e Komuniteteve është komision i përhershëm i Kuvendit. Ky komision përbëhet nga një e treta (1/3) e anëtarëve që përfaqësojnë grupin e deputetëve të Kuvendit, të cilët mbajnë vende të rezervuara a të garantuara për komunitetin Serb, nga një e treta (1/3) e anëtarëve që përfaqësojnë grupin e deputetëve të Kuvendit, të

cilët mbajnë vende të rezervuara a të garantuara për komunitetet e tjera që nuk janë shumicë, dhe një e treta (1/3) e anëtarëve nga komuniteti shumicë, të përfaqësuar në Kuvend.

2. Me kërkesën e cilitdo anëtar të Kryesisë së Kuvendit, çdo ligj i propozuar do të dorëzohet në Komisionin për të Drejtat dhe Interesat e Komuniteteve. Komisioni, me shumicën e votave të anëtarëve të tij, do të vendosë nëse do të bëjë rekomandime në lidhje me ligjin e propozuar brenda dy javësh.

3. Për të siguruar që të drejtat dhe interesat e komuniteteve janë adresuar si duhet, Komisioni mund t'i bëjë rekomandime komisionit tjetër përkatës ose Kuvendit.

4. Komisioni, me nismën e vet, mund të propozojë ligje dhe masa të tilla të tjera brenda përgjegjësive të Kuvendit, të cilat i konsideron se janë të duhura për të adresuar interesat e komuniteteve. Anëtarët e Komisionit mund të japin mendime individuale.

5. Një çështje mund t'i referohet komisionit për mendim këshillimor nga Kryesia e Kuvendit, një komisioni tjetër, ose një grupi të përbërë nga të paktën dhjetë (10) deputetë të Kuvendit.

Neni 79 [Nisma Legjislative]

Nismën për të propozuar ligje, mund ta marrë Presidenti i Republikës së Kosovës nga fushëveprimtaria e saj/tij, Qeveria, deputetët e Kuvendit, ose më së paku dhjetëmijë qytetarë, sipas mënyrës së përcaktuar me ligj.

Neni 80 [Miratimi i Ligjeve]

7. Ligjet, vendimet dhe aktet tjera miratohen nga Kuvendi me shumicën e votave të deputetëve të pranishëm dhe që votojnë, përveç në rastet kur është ndryshe e përcaktuar me këtë Kushtetutë.

8. Ligji i miratuar nga Kuvendi nënshkruhet nga Kryetari i Kuvendit të Kosovës dhe shpallet nga Presidenti i Republikës së Kosovës, pasi ta ketë nënshkruar brenda tetë (8) ditësh pasi të ketë marrë ligjin.

9. Nëse Presidenti i Republikës e kthen ligjin në Kuvend, ai/ajo duhet të theksojë arsyet e kthimit të ligjit. Presidenti i Republikës së Kosovës të drejtën e kthimit të një ligji në Kuvend, mund ta ushtrojë vetëm një herë.

10. Kuvendi, me shumicën e votave të të gjithë deputetëve, vendos për miratimin e ligjit të rikthyer nga Presidenti i Republikës, dhe ligji përkatës konsiderohet i shpallur.

11. Nëse Presidenti i Republikës së Kosovës, brenda tetë (8) ditësh pas marrjes së ligjit, nuk merr asnjë vendim për shpalljen ose kthimin e tij, ligji konsiderohet i shpallur, pa nënshkrimin e saj/tij dhe publikohet në Gazetën Zyrtare.

6. Ligji hyn në fuqi pesëmbëdhjetë (15) ditë pas publikimit në Gazetën Zyrtare të Republikës së Kosovës, përveç nëse, me vetë ligj nuk përcaktohet ndryshe.

Neni 81 [Legjislacioni me Interes Vital]

1. Për miratimin, ndryshimin ose shfuqizimin e ligjeve në vijim, kërkohet vota e shumicës së deputetëve të Kuvendit të cilët janë të pranishëm dhe që votojnë, si dhe të shumicës së deputetëve të Kuvendit që janë të pranishëm dhe që votojnë, të cilët mbajnë vende të rezervuara ose të garantuara për përfaqësuesit e Komuniteteve që nuk janë shumicë:

    (1) ligjet të cilat ndryshojnë kufijtë e komunave, themelojnë ose shuajnë komuna, përkufizojnë shtrirjen e pushteteve të komunave dhe pjesëmarrjen e tyre në marrëdhëniet ndërkomunale dhe tejkufitare;

    (2) ligjet të cilat zbatojnë të drejtat e komuniteteve dhe pjesëtarëve të tyre, me përjashtim të atyre të përcaktuara me Kushtetutë;

    (3) ligjet për përdorimin e gjuhëve;

    (4) ligjet për zgjedhjet lokale;

    (5) ligjet për mbrojtjen e trashëgimisë kulturore;

    (6) ligjet për liritë fetare ose për marrëveshjet me komunitetet fetare;

    (7) ligjet për arsimin;

    (8) ligjet për përdorimin e simboleve, përfshirë simbolet e komuniteteve dhe për festat publike.

2. Asnjëri nga ligjet me interes vital, nuk mund t'i nënshtrohet referendumit.

Neni 82 [Shpërndarja e Kuvendit]

1. Kuvendi shpërndahet në këto raste:

    (1) nëse brenda afatit prej gjashtëdhjetë (60) ditësh nga dita e caktimit të mandatarit nga Presidenti i Republikës së Kosovës, nuk mund të formohet Qeveria;

    (2) nëse për shpërndarjen e Kuvendit votojnë dy të tretat (2/3) e të gjithë deputetëve, shpërndarja bëhet me dekret të Presidentit të Republikës së Kosovës;

nëse brenda afatit prej gjashtëdhjetë (60) ditësh nga dita e fillimit të procedurës së zgjedhjes, nuk zgjedhet Presidenti i Republikës së Kosovës.

2. Kuvendi mund të shpërndahet nga Presidenti i Republikës së Kosovës, pas votimit të suksesshëm të mosbesimit të Qeverisë.

Kapitulli V   Presidenti i Republikës së Kosovës

Neni 83   [Statusi i Presidentit]

Presidenti është kreu i shtetit dhe përfaqëson unitetin e popullit të Republikë së Kosovës.

Neni 84   [Kompetencat e Presidentit]

Presidenti i Republikës së Kosovës:

(1) përfaqëson Republikën e Kosovës brenda dhe jashtë;

(2) garanton funksionimin kushtetues të institucioneve të përcaktuara me këtë Kushtetutë;

(3) shpall zgjedhjet për Kuvendin e Kosovës dhe thërret mbledhjen e parë te tij;

(4) nxjerr dekrete në pajtim me këtë Kushtetutë;

(5) shpall ligjet e miratuara nga Kuvendi i Republikës së Kosovës;

(6) ka të drejtën e kthimit për rishqyrtim të ligjeve të miratuara, nëse konsideron se janë të dëmshme për interesat legjitime të Republikës së Kosovës ose të një a më shumë komuniteteve të saj. Të drejtën e rikthimit të një ligji mund ta shfrytëzojë vetëm një herë;

(7) nënshkruan marrëveshjet ndërkombëtare në pajtim me këtë Kushtetutë;

(8) propozon amendamente për këtë Kushtetutë;

(9) mund të referojë çështje kushtetuese në Gjykatën Kushtetuese;

(10) udhëheq politikën e jashtme të vendit;

(11) pranon letrat kredenciale të shefave të misioneve diplomatike të akredituar në Republikën e Kosovës;

(12) është Komandant Suprem i Forcave të Sigurisë të Kosovës;

(13) udhëheq Këshillin Konsultativ për Komunitete;

(14) cakton mandatarin për formimin e Qeverisë, pas propozimit të partisë politike ose të koalicionit, që përbën shumicën e Kuvendit;

(15) emëron dhe shkarkon Kryetarin e Gjykatës Supreme të Kosovës me propozimin e Këshillit Gjyqësor të Kosovës;

(16) emëron dhe shkarkon gjyqtarët e Republikës së Kosovës me propozimin e Këshillit Gjyqësor të Kosovës;

(17) emëron dhe shkarkon Kryeprokurorin e Shtetit të Republikës së Kosovës, me propozimin e Këshillit Prokuroial të Kosovës;

(18) emëron dhe shkarkon prokurorët e Republikës së Kosovës, me propozimin të Këshillit Prokurorial të Kosovës;

(19) emëron gjyqtarët për Gjykatën Kushtetuese, me propozimin e Kuvendit;

(20) emëron Komandantin e Forcave të Sigurisë të Kosovës, pas rekomandimit të Kryeministrit;

(21) së bashku me Kryeministrin, emëron Drejtorin, Zëvendësdrejtorin dhe Inspektorin e Përgjithshëm të Agjencisë së Kosovës për Intelegjencë;

(22) vendos për shpalljen e Gjendjes së Jashtëzakonshme, në konsultim me Kryeministrin;

(23) mund të kërkojë mbledhje të Këshillit të Sigurisë të Kosovës dhe i kryeson ato në kohën e Gjendjes së Jashtëzakonshme;

(24) vendos për formimin e misioneve diplomatike e konsullare të Republikës së Kosovës, në bazë të konsultimit me Kryeministrin;

(25) emëron dhe shkarkon shefat e misioneve diplomatike të Republikës së Kosovës, me propozimin e Qeverisë;

(26) emëron Kryetarin e Komisionit Qendror të Zgjedhjeve;

(27) emëron Guvernatorin e Bankës Qendrore të Republikës së Kosovës i cili shërben edhe si Drejtor Menaxhues dhe emëron anëtarët e tjerë të Bordit të Bankës;

(28) jep medalje, mirënjohje dhe çmime, në pajtim me ligjin;

(29) shpall falje individuale, në pajtim me ligjin;

(30) së paku një herë në vit i drejtohet Kuvendit të Kosovës përkitazi me fushëveprimtarinë e tij/saj.

Neni 85 [Kualifikimi për Zgjedhjen e Presidentit]

President i Republikës së Kosovës mund të zgjedhet çdo shtetas i Republikës së Kosovës, i cili e ka mbushur moshën tridhjetë e pesë (35) vjeçare.

Neni 86 [Zgjedhja e Presidentit]

1. Presidenti i Republikës së Kosovës zgjedhet nga Kuvendi, me votim të fshehtë.

2. Zgjedhja e Presidentit të Republikës së Kosovës duhet të bëhet jo më vonë se tridhjetë (30) ditë para përfundimit të mandatit të Presidentit aktual.

3. Secili shtetas i Republikës së Kosovës mund të nominohet si kandidatë për President të Republikës së Kosovës, nëse ajo/ai siguron nënshkrimet e të paktën tridhjetë (30) deputetëve të Kuvendit të Kosovës. Deputetët e Kuvendit mund të nënshkruajnë vetëm për një kandidatë për President të Republikës së Kosovës.

4. Zgjedhja e Presidentit bëhet me dy të tretat (2/3) e votave të të gjithë deputetëve të Kuvendit.

5. Nëse asnjëri kandidat nuk merr shumicën prej dy të tretave (2/3) në dy votimet e para, organizohet votimi i tretë në mes të dy kandidatëve të cilët kanë marrë numrin më të lartë të votave në votimin e dytë dhe kandidati që merr shumicën e votave të të gjithë deputetëve, zgjedhet President i Republikës së Kosovës.

6. Nëse në votimin e tretë, asnjëri kandidat nuk zgjidhet President i Republikës së Kosovës, shpërndahet Kuvendi dhe shpallen zgjedhjet e reja, të cilat duhet të mbahen brenda dyzet e pesë (45) ditësh.

Neni 87 [Mandati dhe Betimi]

1. Presidenti i Republikës së Kosovës fillon mandatin pasi të ketë dhënë betimin para Kuvendit të Kosovës. Teksti i betimit rregullohet me ligjin.

2. Mandati i Presidentit është pesë (5) vjet.

3. Pas përfundimit të mandatit të parë, Presidenti mund të rizgjedhet vetëm edhe një herë.

Neni 88 [Papajtueshmëria]

1. Presidenti nuk mund të ushtrojë asnjë funksion tjetër publik.

2. Pas zgjedhjes, Presidenti nuk mund të ushtrojë asnjë funksion në parti politike.

Neni 89 [Imuniteti]

Presidenti i Republikës së Kosovës gëzon imunitet nga ndjekja penale, paditë civile ose shkarkimi për veprimet dhe vendimet brenda fushëveprimit të përgjegjësive të Presidentit të Republikës së Kosovës.

Neni 90 [Mungesa e Përkohshme e Presidentit]

1. Në rast se Presidenti i Republikës së Kosovës përkohësisht nuk është i aftë për të përmbushur përgjegjësitë e tij/saj, ajo/ai mund t'ia kalojë vullnetarisht detyrat e postit të tij/saj, Kryetarit të Kuvendit, i cili do të jetë ushtrues i detyrës së Presidentit të Republikës së Kosovës. Urdhri i Presidentit për kalimin e përgjegjësive duhet të përmbajë veçanërisht arsyet dhe kohëzgjatjen e kalimit të përgjegjësive, nëse ka njohuri për to. Presidenti i Republikës së Kosovës do të rifillojë ushtrimin e përgjegjësive kur të jetë në gjendje t'i ushtrojë përgjegjësitë, dhe kështu Kryetarit të Kuvendit i pushon posti i ushtruesit të detyrës së Presidentit.

2. Në rast se nuk ka ndodhur kalimi vullnetar i përgjegjësive, Kuvendi i Republikës së Kosovës, pas konsultimit me konsiliumin mjekësor, me dy të tretat (2/3) e votave të të gjithë deputetëve vendos nëse Presidenti i Republikës së Kosovës është përkohësisht i paaftë për të ushtruar përgjegjësitë e veta. Kryetari i Kuvendit të Kosovës do të shërbejë si ushtrues i detyrës së Presidentit të Republikës së Kosovës derisa ajo/ai të bëhet i aftë që të rifillojë ushtrimin e përgjegjësive të Presidentit.

3. Posti i ushtruesit të detyrës së Presidentit të Republikës së Kosovës, nuk mund të ushtrohet për një periudhë më të gjatë se gjashtë (6) muaj.

Neni 91 [Shkarkimi i Presidentit]

1. Presidenti i Republikës së Kosovës mund të shkarkohet nga Kuvendi nëse ai/ajo është dënuar për kryerjen e krimit të rëndë ose nëse ajo/ai nuk është i/e aftë për të ushtruar përgjegjësitë e këtij posti për shkak të sëmundjes së rëndë ose nëse Gjykata Kushtetuese ka përcaktuar se ajo/ai ka bërë shkelje të rëndë të Kushtetutës.

2. Procedura për shkarkimin e Presidentit të Republikës së Kosovës mund të iniciohet nga një e treta (1/3) e deputetëve të Kuvendit, të cilët nënshkruajnë një peticion, i cili shpjegon arsyet për shkarkim. Në rast se peticioni supozon sëmundjen e rëndë, Kuvendi do të kërkojë mendimin e konsiliumit mjekësor për gjendjen shëndetësore të Presidentit. Në rast se peticioni supozon ndonjë shkelje të rëndë të Kushtetutës, peticioni duhet t'i dorëzohet menjëherë Gjykatës Kushtetuese, e cila vendosë për këtë çështje brenda shtatë (7) ditësh nga marrja e peticionit.

3. Nëse Presidenti i Republikës së Kosovës është dënuar për ndonjë krim të rëndë ose kur nëse Kuvendi, në pajtim me këtë nen, konstaton që Presidenti nuk është i aftë të ushtrojë

përgjegjësitë e tij/saj për shkak të sëmundjes së rëndë ose nëse Gjykata Kushtetuese konstaton se ajo/ai ka bërë shkelje të rëndë të Kushtetutës, Kuvendi mund të shkarkojë Presidentin me dy të tretat (2/3) e votave të të gjithë deputetëve të tij.

Kapitulli VI   Qeveria e Republikës së Kosovës

Neni 92   [Parimet e Përgjithshme]

1. Qeverinë e Kosovës e përbëjnë Kryeministri, zëvendëskryeministrat dhe ministrat.

2. Qeveria e Kosovës ushtron pushtetin ekzekutiv në pajtim me Kushtetutën dhe ligj.

3. Qeveria zbaton ligjet dhe aktet e tjera të miratuara nga Kuvendi i Kosovës dhe ushtron veprimtari tjera brenda përgjegjësive të përcaktuara me këtë Kushtetutë dhe me ligj.

4. Qeveria merr vendime në pajtim me këtë Kushtetutë dhe me ligje, propozon projektligje dhe amendamentimin e ligjeve ekzistuese e akteve të tjera, si dhe mund të japë mendimin rreth projektligjeve të cilat nuk janë të propozuara nga ajo.

Neni 93   [Kompetencat e Qeverisë]

Qeveria ka këto kompetenca:

(1) propozon dhe zbaton politikën e brendshme dhe të jashtme të vendit;

(2) mundëson zhvillimin ekonomik të vendit;

(3) propozon Kuvendit projektligje dhe akte të tjera;

(4) merr vendime dhe nxjerr akte juridike ose rregullore, të nevojshme për zbatimin e ligjeve;

(5) propozon Buxhetin e Republikës së Kosovës;

(6) udhëzon dhe mbikëqyr punën e organeve të administratës;

(7) udhëzon veprimtarinë dhe zhvillimin e shërbimeve publike;

(8) i propozon Presidentit të Republikës së Kosovës emërimet dhe shkarkimet për shefa të misioneve diplomatike të Kosovës;

(9) propozon amendamentimin e Kushtetutës;

(10) mund të referojë çështje kushtetuese në Gjykatën Kushtetuese;

(11) ushtron edhe funksione të tjera ekzekutive, të cilat nuk u janë caktuar organeve të tjera qendrore ose vendore.

Neni 94 [Kompetencat e Kryeministrit]

Kryeministri ka këto kompetenca:

2. përfaqëson dhe udhëheq Qeverinë;

3. siguron që të gjitha Ministritë të veprojnë në pajtim me politikat qeveritare;

4. siguron zbatimin e ligjeve dhe të politikave të përcaktuara të Qeverisë;

5. ndërron anëtarët e Qeverisë, pa pëlqimin e Kuvendit;

6. kryeson Këshillin e Sigurisë të Kosovës;

7. emëron Drejtorin e Përgjithshëm të Policisë së Kosovës;

8. këshillohet me Presidentin e Republikës së Kosovës mbi çështjet e Inteligjencës;

9. së bashku me Presidentin, emëron Drejtorin, Zëvendësdrejtorin dhe Inspektorin e Përgjithshëm të Agjencisë së Kosovës për Inteligjencë;

10. këshillohet me Presidentin për zbatimin e politikës së jashtme të vendit;

11. kryen edhe punë të tjera, të përcaktuara me Kushtetutë dhe me ligj.

Neni 95 [Zgjedhja e Qeverisë]

1. Pas zgjedhjeve, Presidenti i Republikës së Kosovës i propozon Kuvendit kandidatin për Kryeministër, në konsultim me partinë politike ose koalicionin që ka fituar shumicën e nevojshme në Kuvend për të formuar Qeverinë.

2. Kandidati për Kryeministër, jo më vonë se pesëmbëdhjetë (15) ditë pas emërimit, paraqet përbërjen e Qeverisë para Kuvendit të Kosovës dhe kërkon miratimin nga ana e Kuvendit.

3. Qeveria konsiderohet e zgjedhur nëse merr shumicën e votave të të gjithë deputetëve të Kuvendit të Kosovës.

4. Nëse përbërja e propozuar e Qeverisë nuk merr shumicën e votave të nevojshme, Presidenti i Republikës së Kosovës, brenda dhjetë (10) ditësh emëron kandidatin tjetër sipas së njëjtës procedurë. Nëse as herën e dytë nuk zgjidhet Qeveria, atëherë Presidenti i Kosovës i shpall zgjedhjet, të cilat duhet të mbahen jo më vonë se dyzet (40) ditë nga dita e shpalljes së tyre.

5. Nëse Kryeministri jep dorëheqjen ose për arsye të tjera, posti i tij/saj mbetet i lirë, Qeveria bie, dhe Presidenti i Republikës së Kosovës, në konsultim me partitë politike ose koalicionin që ka fituar shumicën në Kuvend, mandaton kandidatin e ri, për të formuar Qeverinë.

3. Anëtarët e Qeverisë pas zgjedhjes, japin betimin para Kuvendit. Teksti i betimit rregullohet me ligj.

Neni 96 [Ministritë dhe Përfaqësimi i Komuniteteve]

3. Ministritë dhe organet e tjera ekzekutive themelohen, sipas nevojës, për kryerjen e funksioneve brenda kompetencave të Qeverisë.

4. Numri i anëtarëve të Qeverisë përcaktohet me aktin e brendshëm të saj.

5. Në Qeveri do të jenë së paku një (1) Ministër nga komuniteti Serb dhe një (1) Ministër nga ndonjë komunitet tjetër joshumicë në Kosovë. Nëse janë më shumë se dymbëdhjetë ministra, Qeveria do të ketë edhe një ministër të tretë, i cili përfaqëson një nga komunitetet joshumicë në Kosovë.

6. Do të jenë së paku dy (2) zëvendësministra nga komuniteti Serb i Kosovës dhe dy (2) zëvendësministra nga komunitete të tjera joshumicë në Kosovë. Nëse janë më shumë se dymbëdhjetë (12) ministra, Qeveria do të ketë edhe një zëvendësministër të tretë, i cili përfaqëson komunitetin Serb, dhe një (1) tjetër zëvendësministër, i cili përfaqëson një nga komunitetet e tjera joshumicë në Kosovë.

7. Zgjedhja e këtyre ministrave dhe zëvendësministrave do të vendoset pas konsultimit me partitë, me koalicionet ose grupet që përfaqësojnë komunitetet që nuk janë shumicë në Kosovë. Nëse caktohen kandidatë jashtë deputetëve të Kuvendit të Kosovës, për këta ministra e zëvendësministra kërkohet miratimi formal i shumicës së deputetëve të Kuvendit, të cilët u përkasin partive, koalicioneve, nismave qytetare dhe kandidatëve të pavarur, të cilët janë deklaruar se përfaqësojnë komunitetin në fjalë.

8. Kryeministri, zëvendëskryeministrat dhe ministrat e Qeverisë mund të zgjidhen nga deputetë të Kuvendit të Kosovës ose nga persona të kualifikuar, që nuk janë deputetë të Kuvendit.

9. Papajtueshmëria e anëtarëve të Qeverisë lidhur me funksionet e tyre rregullohet me ligj.

Neni 97 [Përgjegjësia]

4. Qeveria, për punën e vet, i përgjigjet Kuvendit të Kosovës.

5. Kryeministri, zëvendëskryeministrat dhe ministrat mbajnë bashkëpërgjegjësinë për vendimet që merr Qeveria, dhe përgjegjësinë individuale për vendimet që marrin në fushat e përgjegjësive të tyre.

Neni 98 [Imuniteti]

Anëtarët e Qeverisë së Kosovës gëzojnë imunitet nga ndjekja penale, paditë civile dhe shkarkimi për veprimet dhe vendimet brenda fushëveprimit të përgjegjësive të tyre si anëtarë të Qeverisë.

Neni 99 [Procedurat]

Mënyra e punës dhe procedurat e vendimmarrjes në Qeveri rregullohen me ligj dhe me rregullore.

Neni 100 [Mocioni i Votëbesimit]

8. Mocioni i mosbesimit ndaj Qeverisë mund të ngrihet me propozimin e një të tretës (1/3) të të gjithë deputetëve të Kuvendit.

9. Votëbesimin e Qeverisë mund ta kërkojë Kryeministri.

10. Mocioni i mosbesimit vihet në rendin e ditë të Kuvendit, jo më vonë se pesë (5) ditë e as më herët se dy (2) ditë nga data e parashtrimit të tij.

11. Konsiderohet se mocioni i mosbesimit është pranuar, nëse për të kanë votuar shumica e të gjithë deputetëve të Kuvendit të Kosovës.

12. Nëse mocioni i mosbesimit dështon, mocioni tjetër i mosbesimit nuk mund të ringrihet gjatë nëntëdhjetë (90) ditëve të ardhshme.

13. Nëse mocioni i mosbesimit votohet për Qeverinë në tërësi, Qeveria konsiderohet në dorëheqje.

Neni 101 [Shërbimi Civil]

1. Përbërja e shërbimit civil do të pasqyrojë shumëllojshmërinë e popullit të Kosovës, duke marrë në konsideratë parimet e barazisë gjinore, të njohura ndërkombëtarisht.

2. Një Këshill i Pavarur Mbikëqyrës për shërbimin civil siguron respektimin e rregullave dhe parimeve që rregullojnë shërbimin civil dhe i cili pasqyron diversitetin e popullit të Republikës së Kosovës.

Kapitulli VII   Sistemi i Drejtësisë

Neni 102   [Parimet e Përgjithshme të Sistemit Gjyqësor]

1. Pushteti gjyqësor në Republikën e Kosovë ushtrohet nga gjykatat.

2. Pushteti gjyqësor është unik, i pavarur, i drejtë, apolitik e i paanshëm dhe siguron qasje të barabartë në gjykata.

3. Gjykatat gjykojnë në bazë të Kushtetutës dhe ligjit.

4. Gjyqtarët gjatë ushtrimit të funksionit të tyre duhet të jenë të pavarur dhe të paanshëm.

5. Garantohet e drejta për ankesë ndaj një vendimi gjyqësor, përveç nëse me ligj është përcaktuar ndryshe. E drejta e përdorimit të mjeteve të jashtëzakonshme juridike, rregullohet me ligj. Me ligj mund të lejohet e drejta për të referuar një rast në mënyrë të drejtpërdrejtë në Gjykatën Supreme, dhe për të tilla raste nuk ka të drejtë ankese.

Neni 103   [Organizimi dhe Jurisdiksioni i Gjykatave]

1. Organizimi, funksionimi dhe jurisdiksioni i Gjykatës Supreme dhe i gjykatave të tjera, rregullohen me ligj.

2. Gjykata Supreme e Kosovës është autoriteti më i lartë gjyqësor.

3. Të paktën pesëmbëdhjetë përqind (15%) e gjyqtarëve të Gjykatës Supreme, por jo më pak se tre (3) gjyqtarë, do të jenë nga radhët e komuniteteve që nuk janë shumicë në Kosovë.

4. Kryetarin e Gjykatës Supreme të Kosovës e emëron dhe shkarkon Presidenti i Kosovës, nga radhët e gjyqtarëve te Gjykatës Supreme, për mandat shtatëvjeçar, pa mundësi të riemërimit, pas propozimit të Këshillit Gjyqësor të Kosovës për emërimin ose shkarkimin e saj/tij.

5. Kryetarët e të gjitha gjykatave të tjera emërohen në mënyrën e përcaktuar me ligj.

6. Të paktën pesëmbëdhjetë përqind (15%) e gjyqtarëve nga cilado gjykatë tjetër, e themeluar me jurisdiksionin e apelit, por jo më pak se dy (2) gjyqtarë do të jenë nga radhët e komuniteteve që nuk janë shumicë në Kosovë.

7. Gjykata të specializuara mund të themelohen me ligj kur kjo të jetë e nevojshme, por në asnjë mënyrë nuk mund të themelohen gjykata të jashtëzakonshme.

Neni 104 [Emërimi dhe Shkarkimi i Gjyqtarëve]

1. Gjyqtarët i emëron, riemëron dhe shkarkon Presidenti i Republikës së Kosovës, me propozimin e Këshillit Gjyqësor të Kosovës.

2. Përbërja e gjyqësorit pasqyron shumëllojshmërinë etnike të Kosovës dhe parimet e pranuara ndërkombëtarisht të barazisë gjinore.

3. Përbërja e gjykatave pasqyron përbërjen etnike të jurisdiksionit territorial të gjykatës përkatëse. Para dhënies së propozimit për emërim ose riemërim, Këshilli Gjyqësor i Kosovës këshillohet me gjykatën përkatëse.

4. Gjyqtarët mund të shkarkohen nga funksioni për shkak të dënimit për një vepër të rëndë penale ose për mosrespektimin e rëndë të detyrave.

5. Gjyqtarët kanë të drejtë të ankohen ndaj vendimit mbi shkarkimin drejtpërdrejt në Gjykatën Supreme të Kosovës.

6. Gjyqtarët nuk mund të transferohen kundër vullnetit të tyre, përveç nëse është parashikuar ndryshe me ligj, për shkak të funksionimit efikas të gjyqësorit ose masave disiplinore.

Neni 105 [Mandati dhe Riemërimi]

1. Mandati fillestar për gjyqtarët është trevjeçar. Në raste të riemërimit, mandati është i përhershëm deri në moshën e pensionimit, sikurse është përcaktuar më ligj, përveç nëse shkarkohet në pajtim me ligjin.

2. Kriteret dhe procedurat për riemërimin e një gjyqtari, përcaktohen nga Këshilli Gjyqësor i Kosovës dhe ato mund të dallojnë në shkallë nga kriteret e përdorura për shkarkimin e gjyqtarëve.

Neni 106 [Papajtueshmëria]

1. Gjyqtari nuk mund të ushtrojë ndonjë funksion në institucionet shtetërore jashtë gjyqësorit, të jetë i përfshirë në ndonjë aktivitet politik ose ndonjë aktivitet tjetër të ndaluar me ligj.

2. Gjyqtarëve nuk u lejohet të marrin përgjegjësi ose të jenë bartës të funksioneve, të cilat në çfarëdo mënyre, do të ishin në kundërshtim me parimet e pavarësisë dhe paanësisë së rolit të gjyqtarit.

Neni 107 [Imuniteti]

1. Gjyqtarët, përfshirë edhe gjyqtarët porotë, gëzojnë imunitetin nga ndjekja penale, paditë civile dhe shkarkimi nga funksioni, për vendimet e marra, votimin e bërë, mendimin e shprehur dhe për veprimet e tjera të ndërmarra që janë brenda fushëveprimit të detyrave dhe përgjegjësive të tyre si gjyqtarë.

2. Gjyqtarët, përfshirë edhe gjyqtarët porotë, nuk gëzojnë imunitet dhe mund të shkarkohen nga funksioni, kur të kenë shkelur ligjin me qëllim.

3. Kur një gjyqtar akuzohet ose arrestohet, duhet të njoftohet pa vonesë Këshilli Gjyqësor i Kosovës.

Neni 108 [Këshilli Gjyqësor i Kosovës]

1. Këshilli Gjyqësor i Kosovës siguron pavarësinë dhe paanësinë e sistemit gjyqësor.

2. Këshilli Gjyqësor i Kosovës është institucion plotësisht i pavarur në ushtrimin e funksioneve të tij. Këshilli Gjyqësor i Kosovës siguron që gjykatat në Kosovë të jenë të pavarura, profesionale e të paanshme, dhe të pasqyrojnë plotësisht natyrën shumetnike të Republikës së Kosovës e të ndjekin parimet e barazisë gjinore. Këshilli do t'u japë përparësi për emërim si gjyqtarë, anëtarëve të komuniteteve të nën përfaqësuara në mënyrën e përcaktuar me ligj.

3. Këshilli Gjyqësor i Kosovës është përgjegjës për rekrutimin dhe propozimin e kandidatëve për emërim dhe riemërim për pozita gjyqësore. Këshilli Gjyqësor i Kosovës është po ashtu përgjegjës për transferimin dhe për procedurën disiplinore kundër gjyqtarëve.

4. Propozimet për emërimin e gjyqtarëve duhet të bëhen në bazë të procesit të hapur për emërime, në bazë të meritave të kandidatëve, dhe ky propozim pasqyron parimin e barazisë gjinore dhe përbërjen etnike të jurisdiksionit territorial të gjykatës përkatëse. Të gjithë kandidatët duhet t'i plotësojnë kriteret e përcaktuara me ligj.

5. Këshilli Gjyqësor i Kosovës është përgjegjës për inspektimin gjyqësor, administrimin gjyqësor, përpilimin e rregullave për gjykatat në pajtim me ligjin, punësimin dhe mbikëqyrjen e administratorëve të gjykatave, hartimin dhe mbikëqyrjen e buxhetit për gjyqësorin, përcaktimin e numrit të gjyqtarëve në secilin jurisdiksion dhe bën rekomandime për themelimin e gjykatave të reja. Themelimi i gjykatave të reja bëhet me ligj.

6. Këshilli Gjyqësor i Kosovës përbëhet nga trembëdhjetë (13) anëtarë, me kualifikime dhe ekspertizë profesionale. Anëtarët emërohen për një mandat pesëvjeçar dhe zgjedhën në këtë mënyrë:

   (1) Pesë (5) anëtarë do të jenë gjyqtarë të zgjedhur nga anëtarët e gjyqësorit;

(2) Katër (4) anëtarë i zgjedhin deputetët e Kuvendit, të cilët i mbajnë vendet e fituara gjatë ndarjes së përgjithshme të vendeve. Të paktën dy (2) nga katër (4) anëtarët duhet të jenë gjyqtarë, dhe një (1) do të jetë anëtar i Odës së Avokatëve të Kosovës;

(3) Dy (2) anëtarë i zgjedhin deputetët e Kuvendit, të cilët i mbajnë vendet e rezervuara ose të garantuara për përfaqësuesit e komunitetit Serb në Kosovë, dhe të paktën njëri prej këtyre të dyve, duhet të jetë gjyqtar;

(4) Dy (2) anëtarë i zgjedhin deputetët e Kuvendit, të cilët mbajnë vendet e rezervuara ose të garantuara për përfaqësuesit e komuniteteve të tjera, dhe të paktën njëri prej këtyre të dyve, duhet të jetë gjyqtar;

(5) Papajtueshmëria e të qenit anëtar i Këshillit Gjyqësor rregullohet me ligj.

7. Këshilli Gjyqësor i Kosovës, nga radhët e anëtarëve të vet, zgjedh kryesuesin dhe zëvëndëskryesuesin me mandat trevjeçar. Zgjedhja në këto funksione nuk e zgjat mandatin e anëtarit të Këshillit Gjyqësor të Kosovës.

8. Kryesuesi i Këshillit Gjyqësor të Kosovës i drejtohet Kuvendit të Republikës së Kosovës së paku një herë në vit lidhur me Sistemin Gjyqësor.

9. Kandidatët për pozita gjyqësore, të cilat janë të rezervuara për pjesëtarët e komuniteteve që nuk janë shumicë në Kosovë, mund të rekomandohen për emërim vetëm nga anëtarët e Këshillit të zgjedhur nga deputetët e Kuvendit, të cilët mbajnë vendet e rezervuara ose të garantuara për pjesëtarët e komuniteteve që nuk janë shumicë në Kosovë. Nëse ky grup i anëtarëve të Këshillit nuk e propozon kandidatin për këtë pozitë gjyqësore pas dy seancave të njëpasnjëshme të Këshillit, atëherë cilido anëtar i Këshillit ka të drejtë të rekomandojë kandidatin për atë pozitë gjyqësore.

10. Kandidatët për pozita gjyqësore të gjykatave themelore, nën juridiksionin e të cilave përfshihet ekskluzivisht territori i një a më shumë komunave, ku shumica e popullsisë i takon komunitetit Serb të Kosovës, mund të rekomandohen për emërim vetëm nga dy (2) anëtarët e Këshillit që i zgjedhin deputetët e Kuvendit, të cilët mbajnë vendet e rezervuara ose të garantuara për komunitetin Serb në Republikën e Kosovës të cilët veprojnë bashkërisht dhe në mënyrë unanime. Nëse këta dy (2) anëtarë nuk rekomandojnë kandidat gjyqësor për këtë pozitë, gjatë dy seancave të njëpasnjëshme të Këshillit Gjyqësor të Kosovës, atëherë cilido anëtar i Këshillit Gjyqësor të Kosovës ka të drejtë të propozojë kandidat për atë pozitë.

Neni 109   [Prokurori i Shtetit]

1. Prokurori i Shtetit është institucion i pavarur me autoritet dhe përgjegjësi për ndjekjen penale të personave të akuzuar për ndonjë vepër penale ose për ndonjë vepër tjetër, sikurse është rregulluar me ligj.

4. Prokurori i Shtetit është institucion i paanshëm, dhe vepron në bazë të Kushtetutës dhe të ligjit.

5. Organizimi, kompetencat dhe detyrat e Prokurororit të Shtetit rregullohen me ligj.

6. Prokurori i Shtetit pasqyron përbërjen shumetnike të Republikës së Kosovës dhe respekton parimet e barazisë gjinore.

7. Mandati fillestar për prokuror është trevjeçar. Në rast të riemërimit, mandati është i përhershëm deri në moshën e pensionimit, sikurse është përcaktuar me ligj, përveç nëse shkarkohet në pajtim me ligjin.

8. Prokurorët mund të shkarkohen nga funksioni për shkak të dënimit për një vepër të rëndë penale ose për mosrespektimin e rëndë të detyrave.

9. Kryeprokurori i Shtetit emërohet dhe shkarkohet nga Presidenti i Republikës së Kosovës, në bazë të propozimit të Këshillit Prokurorial të Kosovës. Mandati i Kryeprokurorit të Shtetit është shtatëvjeçarë, pa mundësi riemërimi.

Neni 110   [Këshilli Prokurorial i Kosovës]

1. Këshilli Prokurorial i Kosovës është institucion plotësisht i pavarur në kryerjen e funksioneve të tij, në pajtim me ligjin. Këshilli Prokurorial i Kosovës siguron qasje të barabartë në drejtësi për të gjithë personat në Kosovë. Këshilli Prokurorial i Kosovës siguron që Prokurori i Shtetit të jetë i pavarur, profesional, i paanshëm dhe pasqyron natyrën shumetnike të Kosovës dhe parimet e barazisë gjinore.

2. Këshilli Prokurorial i Kosovës do të rekrutojë, propozojë, avancojë, transferojë, disiplinojë prokurorët në mënyrën e rregulluar me ligj. Këshilli do t'i japë përparësi emërimit për prokurorë të anëtarëve të komuniteteve të nën përfaqësuara në mënyrën e përcaktuar me ligj. Të gjithë kandidatët duhet t'i plotësojnë kriteret e përcaktuara me ligj.

3. Propozimet për emërimin e prokurorëve duhet të bëhen në bazë të procesit të hapur për emërime, në bazë të meritave të kandidatëve, dhe ky propozim pasqyron parimin e barazisë gjinore dhe përbërjen etnike të jurisdiksionit territorial përkatës.

4. Përbërja e Këshillit Prokurorial të Kosovës, si dhe dispozitat për emërimin, shkarkimin, mandatin, strukturën organizative dhe rregullat e procedurës, rregullohen me ligj.

Neni 111   [Avokatura]

1. Avokatura është profesion i pavarur, e cila ofron shërbime sikur është e rregulluar me ligj.

2. Mënyra e fitimit të së drejtës për të ushtruar profesionin e avokatit, si dhe marrja e kësaj të drejte, rregullohen me ligj.

Kapitulli VIII   Gjykata Kushtetuese

Neni 112   [Parimet e Përgjithshme]

5. Gjykata Kushtetuese është autoriteti përfundimtar në Republikën e Kosovës për interpretimin e Kushtetutës dhe përputhshmërisë së ligjeve me Kushtetutën.

6. Gjykata Kushtetuese është plotësisht e pavarur në kryerjen e përgjegjësive të saj.

Neni 113   [Jurisdiksioni dhe Palët e Autorizuara]

8. Gjykata Kushtetuese vendos vetëm për rastet e ngritura para gjykatës në mënyrë ligjore nga pala e autorizuar.

9. Kuvendi i Kosovës, Presidenti i Republikës së Kosovës, Qeveria dhe Avokati i Popullit janë të autorizuar të ngrenë rastet në vijim:

    - çështjen e përputhshmërisë së ligjeve, të dekreteve të Presidentit e të Kryeministrit dhe të rregulloreve të Qeverisë, me Kushtetutën;

    - përputhshmëria e Statutit të Komunës me Kushtetutën.

10. Kuvendi i Kosovës, Presidenti i Republikës së Kosovës dhe Qeveria janë të autorizuar të ngrenë çështjet në vijim:

    - konflikti në mes të kompetencave kushtetuese të Kuvendit të Kosovës, Presidentit të Republikës së Kosovës dhe Qeverisë së Kosovës;

    - përputhshmëria e referendumit të propozuar me Kushtetutën;

    - përputhshmëria e shpalljes së Gjendjes së Jashtëzakonshme dhe veprimeve të ndërmarra gjatë Gjendjes së Jashtëzakonshme me Kushtetutën;

    - përputhshmëria e një amendamenti të propozuar kushtetues me marrëveshjet e detyrueshme ndërkombëtare, të ratifikuara sipas kësaj Kushtetute dhe rishikimi i kushtetutshmërisë së procedurës së ndjekur;

    - nëse është shkelur Kushtetuta gjatë zgjedhjes së Kuvendit.

11. Komuna është e autorizuar të kontestojë kushtetutshmërinë e ligjeve ose të akteve të Qeverisë, të cilat cenojnë përgjegjësitë komunale ose zvogëlojnë të hyrat e komunës, në rast se komuna përkatëse është prekur nga ai ligj ose akt.

5. Dhjetë (10) a më shumë deputetë të Kuvendit të Kosovës, brenda një afati prej tetë (8) ditësh nga dita e miratimit, kanë të drejtë të kontestojnë kushtetutshmërinë e çfarëdo ligji ose vendimi të miratuar nga Kuvendi, si për përmbajtjen, ashtu edhe për procedurën e ndjekur.

6. Tridhjetë (30) a më shumë deputetë të Kuvendit të Kosovës, janë të autorizuar të ngrenë çështjen nëse Presidenti i Republikës së Kosovës ka kryer shkelje serioze të Kushtetutës.

7. Individët janë të autorizuar të ngrenë shkeljet nga autoritetet publike të të drejtave dhe lirive të tyre individuale, të garantuara me Kushtetutë, mirëpo vetëm pasi të kenë shteruar të gjitha mjetet juridike të përcaktuara me ligj.

8. Gjykatat kanë të drejtë t'i referojnë Gjykatës Kushtetuese çështje përkitazi me përputhshmërinë kushtetuese të një ligji, nëse ajo përputhshmëri është ngritur gjatë procedurës gjyqësore dhe gjykata referuese nuk është e sigurt për përputhshmërinë e ligjit të kontestuar me Kushtetutën dhe nëse vendimi i gjykatës referuese për rastin e caktuar, varet nga përputhshmëria e ligjit në fjalë.

9. Kryetari i Kuvendit të Kosovës duhet të referojë amendamentet kushtetuese të propozuara para miratimit në Kuvend, me qëllim që të konstatohet nëse amendamenti i propozuar i zvogëlon të drejtat dhe liritë e garantuara me kapitullin II të Kushtetutës.

10. Jurisdiksioni shtesë mund të rregullohet me ligj.

Neni 114   [Përbërja dhe Mandati i Gjykatës Kushtetuese]

1. Gjykata Kushtetuese përbëhet nga nëntë (9) gjyqtarë, të cilët do të jenë juristë të shquar dhe personalitete me moralin më të lartë, jo me më pak se dhjetë (10) vjet përvojë profesionale përkatëse. Kualifikimet e tjera përkatëse rregullohen me ligj. Parimet e barazisë gjinore do të respektohen.

2. Gjyqtarët emërohen nga Presidenti i Republikës së Kosovës, me propozimin e Kuvendit, për një mandat nëntëvjeçar, pa mundësi vazhdimi.

3. Vendimi për të propozuar shtatë (7) nga gjyqtarët, varet nga miratimi i dy të tretave (2/3) të deputetëve të Kuvendit të pranishëm dhe që votojnë. Vendimi për të propozuar dy (2) gjyqtarët e tjerë, merret me shumicën e votave të deputetëve të Kuvendit, të cilët janë të pranishëm dhe që votojnë, por që mund të bëhet vetëm pas pëlqimit të shumicës së deputetëve të Kuvendit, të cilët i mbajnë vendet që janë rezervuar ose garantuar për përfaqësuesit e komuniteteve që nuk janë shumicë në Kosovë.

4. Nëse mandati i gjyqtarit përfundon para mbarimit të mandatit të rregullt, emërimi i gjyqtarit të ri bëhet në pajtim me këtë nen, me mandat të plotë, pa të drejtë rizgjedhjeje.

5. Zgjedhja e Kryetarit dhe Zëvendëskryetarit të Gjykatës Kushtetuese, bëhet nga gjyqtarët të Gjykatës Kushtetuese me votim të fshehtë të gjyqtarëve të Gjykatës, për mandat trevjeçar. Zgjedhja në këto funksione nuk e zgjat mandatin e gjyqtarit.

Neni 115 [Organizimi i Gjykatës Kushtetuese]

1. Gjykata Kushtetuese përcakton organizimin e vet të brendshëm, rregulloren e punës, proceset e vendimmarrjes dhe çështje të tjera organizative në pajtim me ligjin.

2. Gjykata Kushtetuese publikon raportin vjetor.

Neni 116 [Efekti Juridik i Vendimeve]

1. Vendimet e Gjykatës Kushtetuese janë të detyrueshme për gjyqësorin dhe të gjithë personat dhe institucionet e Republikës së Kosovës.

2. Përderisa procedura të mos përfundojë para Gjykatës Kushtetuese, ajo mund të suspendojë përkohësisht veprimin ose ligjin e kontestuar, derisa të merret vendimi i Gjykatës, nëse konsideron që aplikimi i veprimit a ligjit të kontestuar, mund të shkaktoj dëme të pariparueshme.

3. Përveç nëse është përcaktuar ndryshe me vendim të Gjykatës Kushtetuese, shfuqizimi i ligjit, i aktit ose i veprimit hyn në fuqi në ditën e publikimit të vendimit të Gjykatës.

4. Vendimet e Gjykatës Kushtetuese shpallet në Gazetën Zyrtare.

Neni 117 [Imuniteti]

Gjyqtarët e Gjykatës Kushtetuese gëzojnë imunitet nga ndjekja penale, paditë civile dhe shkarkimi nga detyra për vendimet e marra, mendimet e shprehura dhe veprimet e marra brenda fushës së përgjegjësive si gjykatës të Gjykatës Kushtetuese.

Neni 118 [Shkarkimi]

Gjyqtarët e Gjykatës Kushtetuese mund të shkarkohen nga Presidenti i Republikës së Kosovës me propozimin e dy të tretave (2/3) të gjyqtarëve të Gjykatës Kushtetuese, vetëm për kryerjen e krimeve të rënda ose për mospërfillje të rëndë të detyrave.

Kapitulli IX   Marrëdhëniet Ekonomike

Neni 119   [Parimet e Përgjithshme]

1. Republika e Kosovës siguron një mjedis të favorshëm ligjor për ekonominë e tregut, lirinë e aktivitetit ekonomik dhe sigurinë e pronës publike e private.

2. Republika e Kosovës siguron të drejta ligjore të barabarta për të gjithë investitorët dhe të gjitha ndërmarrjet vendore dhe të jashtme.

3. Veprimet që kufizojnë konkurrencën e lirë përmes vendosjes ose abuzimit të pozitës dominuese, ose praktikave që e kufizojnë konkurrencën, janë të ndaluara, me përjashtim kur këto lejohen në mënyrë eksplicite me ligj.

4. Republika e Kosovës promovon mirëqenie për të gjithë qytetarët e saj duke inkurajuar zhvillimin e qëndrueshëm ekonomik.

5. Republika e Kosovës do të themelojë organe të pavarura për rregullimin e tregut atëherë kur vetë tregu nuk mundet që në masë të mjaftueshme të mbrojë interesin publik.

6. Investitorit të jashtëm i garantohet nxjerrja e lirshme e fitimit dhe kapitalit të investuar jashtë vendit, në pajtim me ligjin.

7. Garantohet mbrojtja e konsumatorëve, në pajtim me ligjin.

8. Secili person është i obliguar të paguajë tatimet dhe kontributet e tjera të parapara me ligj.

9. Republika e Kosovës ushtron të drejtën e pronësisë mbi çdo ndërmarrje që ajo kontrollon në pajtim me interesin publik, me qëllim që të maksimalizojë vlerën afatgjate të ndërmarrjes.

10. Shërbimet publike të detyrueshme mund të imponohen mbi këto ndërmarrje në pajtim me ligjin, i cili duhet të përcaktojë edhe kompensimin e drejtë.

Neni 120   [Financat Publike]

5. Shpenzimet publike dhe mbledhja e të hyrave publike duhet të bazohen në parimet e llogaridhënies, efektshmërisë, efikasitetit dhe transparencës.

6. Administrimi i politikës fiskale në të gjitha nivelet e qeverisë do të jetë në pajtim me kushtet për inflacion të ulët dhe zhvillim të qëndrueshëm ekonomik dhe për krijimin e vendeve të punës.

7. Huat publike rregullohen me ligj dhe duhet të jenë në pajtim më stabilitetin ekonomik dhe qëndrueshmërinë fiskale.

Neni 121 [Prona]

1. Llojet e pronës rregullohen me ligj.

2. Personat fizikë të huaj dhe organizatat e huaja mund të sigurojnë të drejta të pronësisë mbi pronën e paluajtshme në pajtim me kushtet e arsyeshme të përcaktuara me ligj ose me marrëveshje ndërkombëtare.

3. Personat fizikë të huaj dhe organizatat e huaja në pajtim me kushtet e arsyeshme të përcaktuara me ligj, mund të sigurojnë të drejta të koncesionit dhe të drejta të tjera për shfrytëzim dhe/ose eksploatim të resurseve në pronësi publike, përfshirë këtu resurset natyrore, dhe të infrastrukturës në pronësi publike.

Neni 122 [Përdorimi i Pasurisë dhe Burimeve Natyrore]

1. Populli i Republikës së Kosovës në pajtim me kushtet e arsyeshme të përcaktuara me ligj, mund të gëzojë resurset natyrore të Republikës së Kosovës, por nuk mund të shkel obligimet që dalin nga marrëveshjet ndërkombëtare për bashkëpunim ekonomik.

2. Pasuritë natyrore, si ujërat, hapësira ajrore, pasuritë minerare dhe pasuritë e tjera natyrore, si dhe trualli, pyjet, bota bimore e shtazore, pjesët e tjera të natyrës, paluejtshmëria dhe të mirat e tjera me rëndësi të veçantë kulturore, historike, ekonomike dhe ekologjike, të cilat përcaktuar me ligj se janë përcaktuar me interes për Republikën e Kosovës, gëzojnë mbrojtjen e tyre të veçantë, në pajtim me ligjin.

3. Kufizimet e të drejtave të pronarëve dhe të drejtave të tjera mbi eksploatimin e të mirave me interes të veçantë për Republikën e Kosovës dhe kompensimi për kufizimet e tilla rregullohen me ligj.

Kapitulli X   Qeverisja Lokale dhe Organizimi Territorial

Neni 123   [Parimet e Përgjithshme]

1. E drejta e vetëqeverisjes lokale garantohet dhe rregullohet me ligj.

2. Vetëqeverisja lokale ushtrohet nëpërmjet organeve përfaqësuese të zgjedhura në zgjedhje të përgjithshme, të barabarta, të lira e të drejtpërdrejta dhe me votim të fshehtë.

3. Veprimtaria e organeve të vetëqeverisjes lokale bazohet në këtë Kushtetutë dhe në ligjet e Republikës së Kosovës dhe respekton Kartën Evropiane për Vetëqeverisjen Lokale. Republika e Kosovës merr parasysh dhe zbaton Kartën Evropiane për Vetëqeverisjen Lokale në masën e kërkuar nga vendi nënshkrues.

4. Vetëqeverisja lokale bazohet në parimet e qeverisjes së mirë, transparencës, efikasitetit dhe efektivitetit në ofrimin e shërbimeve publike, duke u kushtuar kujdes të veçantë nevojave dhe brengave specifike të komuniteteve që nuk janë shumicë dhe pjesëtarëve të tyre.

Neni 124   [Organizimi dhe Funksionimi i Vetëqeverisjes Lokale]

1. Njësi themelore e vetëqeverisjes lokale në Republikën e Kosovës është komuna. Komunat gëzojnë shkallë të lartë të vetëqeverisjes lokale dhe inkurajojnë e sigurojnë pjesëmarrje aktive të të gjithë qytetarëve në procesin e vendimmarrjes së organeve komunale.

2. Themelimi i komunave, kufijtë, kompetencat dhe mënyra e organizimit dhe funksionimit të tyre, rregullohen me ligj.

3. Komunat kanë kompetenca vetanake, të zgjeruara dhe të deleguara në pajtim me ligjin. Autoriteti shtetëror që delegon kompetencat, përballon shpenzimet për ushtrimin e delegimit.

4. Komunat kanë të drejtë për bashkëpunimin ndërkomunal dhe për bashkëpunimin ndërkufitar, në pajtim me ligjin.

5. Komunat kanë të drejtë të vendosin, të caktojnë, të mbledhin dhe të shpenzojnë të hyrat e veta si dhe të marrin fonde nga Qeveria qendrore, në pajtim me ligjin.

6. Komunat obligohen të respektojnë Kushtetutën, ligjet, dhe të zbatojnë vendimet gjyqësore.

7. Rishikimi administrativ i akteve të komunave nga autoritetet qendrore në fushën e kompetencave të tyre, kufizohet në sigurimin e përputhjes me Kushtetutën e Republikës së Kosovës dhe me ligjin.

Kapitulli XI **Sektori i Sigurisë**

Neni 125 **[Parimet e Përgjithshme]**

3. Republika e Kosovës ka pushtet mbi zbatimin e ligjit, sigurinë, drejtësinë, sigurinë publike, inteligjencën, organet civile emergjente dhe mbi kontrollin e kufijve në territorin e vet.

4. Institucionet e sigurisë në Republikën e Kosovës mbrojnë sigurinë publike dhe të drejtat e të gjithëve në Republikën e Kosovës. Institucionet veprojnë me transparencë të plotë dhe në pajtim me standardet demokratike e me të drejtat e njeriut të njohura ndërkombëtarisht. Institucionet e Sigurisë duhet të pasqyrojnë shumëllojshmërinë etnike të popullit të Republikës së Kosovës.

5. Republika e Kosovës respekton plotësisht të gjitha marrëveshjet e aplikueshme ndërkombëtare dhe ligjin përkatës ndërkombëtar dhe bashkëpunon me organet ndërkombëtare të sigurisë e me homologët rajonalë.

6. Kontrolli civil dhe demokratik mbi institucionet e sigurisë garantohet.

7. Kuvendi i Republikës së Kosovës mbikëqyr buxhetin dhe politikat e institucioneve të sigurisë, sikur rregullohet me ligj.

Neni 126 **[Forca e Sigurisë e Kosovës]**

6. Forca e Sigurisë e Kosovës është forcë kombëtare e sigurisë për Republikën e Kosovës, dhe mund të dërgoj pjesëtarët e saj jashtë vendit në përputhje të plotë me përgjegjësitë e saj ndërkombëtare.

7. Forca e Sigurisë e Kosovës mbron qytetarët dhe komunitetet e Republikës së Kosovës në bazë të kompetencave të përcaktuara me ligj.

8. Presidenti i Republikës së Kosovës është Komandant i Përgjithshëm i Forcës së Sigurisë të Kosovës, e cila gjithmonë i nënshtrohet kontrollit të autoriteteve civile të zgjedhura në mënyrë demokratike.

9. Forca e Sigurisë e Kosovës është profesioniste, pasqyron shumëllojshmërinë etnike të popullit të Republikës së Kosovës dhe rekrutohet nga shtetasit e Republikës së Kosovës.

10. Komandantin e Forcës së Sigurisë të Kosovës e emëron Presidenti i Republikës së Kosovës, në bazë të rekomandimit të Qeverisë. Organizimi i brendshëm i Forcës së Sigurisë të Kosovës rregullohet me ligj.

Neni 127 [Këshilli i Sigurisë i Kosovës]

5. Këshilli i Sigurisë i Republikës së Kosovës, në bashkëpunim me Presidentin e Republikës së Kosovës dhe Qeverinë, përgatit strategjinë e sigurisë për Republikën e Kosovës. Këshilli i Sigurisë i Republikës së Kosovës ka edhe rol këshillues në të gjitha çështjet që kanë të bëjnë me sigurinë në Republikën e Kosovës.

6. Këshilli i Sigurisë i Republikës së Kosovës kryesohet nga Kryeministri me mbështetje nga Qeveria, përveç gjatë periudhës së Gjendjes së Jashtëzakonshme, sikurse është parashikuar me këtë Kushtetutë.

7. Presidenti i Republikës së Kosovës mund të kërkojë takime të Këshillit të Sigurisë të Republikës së Kosovës, dhe Këshilli është i obliguar të bashkërendojë punën e tij ngushtësisht me Presidentin. Këshilli i Sigurisë i Republikës së Kosovës do të bashkëpunojë ngushtësisht me autoritetet ndërkombëtare.

8. Anëtarët e Këshillit të Sigurisë të Republikës së Kosovës emërohen dhe shkarkohen në mënyrën e përcaktuar me ligj.

Neni 128 [Policia e Kosovës]

6. Policia e Republikës së Kosovës mban përgjegjësinë për ruajtjen e rendit dhe sigurisë publike në tërë territorin e Republikës së Kosovës.

7. Policia e Republikës së Kosovës është profesioniste dhe pasqyron shumëllojshmërinë etnike të popullit të Republikës së Kosovës.

8. Kryeministri emëron Drejtorin e Përgjithshëm të Policisë së Republikës së Kosovës me rekomandimin e Qeverisë dhe në pajtim me ligjin. Organizimi i brendshëm i Policisë së Kosovës, rregullohet me ligj.

9. Policia e Republikës së Kosovës ka zinxhir të unifikuar komandues në tërë Republikën e Kosovës, me stacione policore të cilat korrespondojnë me kufijtë komunalë. Policia e Kosovës lehtëson bashkëpunimin me autoritetet komunale dhe udhëheqësit e bashkësive përmes themelimit të Këshillave Lokale, sikur është rregulluar me ligj. Përbërja etnike e policisë brenda një komune duhet të pasqyron, deri në shkallën më lartë të mundshme, përbërjen etnike të popullsisë brenda komunës përkatëse.

10. Policia e Republikës së Kosovës mban përgjegjësinë për kontrollin e kufirit në bashkëpunim të drejtpërdrejtë me autoritetet vendore dhe ndërkombëtare.

Neni 129 [Agjencia e Kosovës për Inteligjencë]

(4) Agjencia e Kosovës për Inteligjencë zbulon, heton dhe mbikqyr kërcënimet ndaj sigurisë në Republikën e Kosovës.

(5) Agjencia e Kosovës për Inteligjencë është profesioniste, politikisht e paanshme, shumetnike dhe i nënshtrohet mbikëqyrjes nga Kuvendi në mënyrën e përcaktuar me ligj.

(6) Presidenti i Republikës së Kosovës dhe Kryeministri, pas konsultimit me Qeverinë, së bashku emërojnë Drejtorin, Zëvendësdrejtorin dhe Inspektorin e përgjithshëm të Agjencisë së Kosovës për Inteligjencë. Kualifikimi dhe mandati, rregullohen me ligj.

(7) Presidenti i Republikës së Kosovës dhe Kryeministri marrin të njëjtat informacione në lidhje me inteligjencën.

Neni 130 [Autoriteti Civil i Aviacionit]

1. Autoriteti Civil i Aviacionit të Republikës së Kosovës rregullon veprimtarinë e aviacionit civil në Republikën e Kosovës dhe është ofrues i shërbimeve të navigacionit ajror, sikur është përcaktuar me ligj.

2. Autoriteti Civil i Aviacionit bashkëpunon plotësisht me autoritetet relevante ndërkombëtare dhe vendore, të përcaktuara me ligj.

Neni 131 [Gjendja e Jashtëzakonshme]

1. Presidenti i Republikës mund të shpallë Gjendjen e Jashtëzakonshme, kur:

    (1) ka nevojë për masa emergjente të mbrojtjes;

    (2) ka rrezik të brendshëm ndaj rendit kushtetues ose sigurisë publike;

    (3) ka fatkeqësi natyrore, e cila prek tërë territorin e Republikës së Kosovës ose një pjesë të tij.

2. Gjatë Gjendjes së Jashtëzakonshme, Kushtetuta e Republikës së Kosovës nuk suspendohet. Kufizimet mbi të drejtat dhe liritë e garantuara me këtë Kushtetutë, bëhen vetëm deri në shkallën e nevojshme, për sa më pak kohë që të jetë e nevojshme dhe në përputhje të plotë me këtë Kushtetutë. Gjatë Gjendjes së Jashtëzakonshme, ligji për zgjedhjet e Kuvendit dhe të Komunave nuk mund të ndryshohet. Parimet e tjera për veprimet e institucioneve publike gjatë Gjendjes së Jashtëzakonshme rregullohen me ligj, por ato nuk duhet të jenë në shpërputhje me këtë nen.

4. Nëse paraqitet nevoja për marrjen e masave emergjente të mbrojtjes, Presidenti i Republikës së Kosovës, pas konsultimit me Kryeministrin, shpall Gjendjen e Jashtëzakonshme. Me shpalljen e Gjendjes së Jashtëzakonshme, Presidenti i Republikës së Kosovës shpallë menjëherë dekretin, i cili përcakton natyrën e kërcënimit dhe çfarëdo kufizimi për të drejtat dhe liritë. Brenda dyzet e tetë (48) orësh, Kuvendi mund të japë pëlqimin me dy të tretat (2/3) e votave të deputetëve të pranishëm dhe që votojnë. Nëse nuk jepet pëlqimi, dekreti i Presidentit nuk ka forcë as efekt.

5. Nëse ka rrezik ndaj rendit kushtetues dhe sigurisë publike në Republikën e Kosovës, ose ekziston një fatkeqësi natyrore në tërë territorin e Republikës së Kosovës ose një pjesë të tij, Presidenti i Republikës së Kosovës, në konsultim me Kryeministrin, mund të shpallë Gjendjen e Jashtëzakonshme. Me shpalljen e Gjendjes së Jashtëzakonshme, Presidenti i Republikës së Kosovës shpallë menjëherë një dekret, i cili përcakton natyrën e gjendjes së emergjencës dhe çfarëdo kufizimi mbi të drejtat dhe liritë. Brenda dyzet e tetë (48) orësh, Kuvendi mund të japë pëlqimin e tij me shumicën e votave të të gjithë deputetëve të pranishëm dhe që votojnë. Nëse nuk jepet pëlqimi, dekreti i Presidentit nuk ka forcë as efekt.

6. Gjendja e Jashtëzakonshme zgjat për aq kohë sa vazhdon të kërcënojë rreziku dhe nuk mund të zgjatë më shumë se për një periudhë prej gjashtëdhjetë (60) ditësh. Me pëlqimin e shumicës së deputetëve të Kuvendit të pranishëm dhe që votojnë, Gjendja e Jashtëzakonshme, nëse është e nevojshme, mund të zgjatet për periudha pasuese prej tridhjetë
    - ditësh, por jo më shumë se për nëntëdhjetë (90) ditë shtesë gjithsej.

7. Kuvendi mund të vendosë kufizime të tilla, sipas nevojës, për sa i përket kohëzgjatjes dhe shkallës së Gjendjes së Jashtëzakonshme. Kur Presidenti konstaton se rreziku ndaj Republikës së Kosovës është i natyrës së jashtëzakonshme, Kuvendi mund të vendosë që Gjendja e Jashtëzakonshme të zgjasë më shumë se njëqind e pesëdhjetë (150) ditë, vetëm nëse për të votojnë dy të tretat (2/3) e të gjithë deputetëve të Kuvendit.

8. Presidenti i Republikës së Kosovës, pas konsultimit me Qeverinë dhe Kuvendin, mund të urdhërojë mobilizimin e Forcës së Sigurisë të Kosovës, për të ndihmuar në Gjendjen e Jashtëzakonshme.

9. Këshilli i Sigurisë i Republikës së Kosovës, vetëm gjatë Gjendjes së Jashtëzakonshme, ushtron funksione ekzekutive që kufizohen në funksionet që ndërlidhen në veçanti me Gjendjen e Jashtëzakonshme. Gjatë Gjendjes së Jashtëzakonshme, Këshilli i Sigurisë i Republikës së Kosovës do të drejtohet nga Presidenti i Republikës së Kosovës, sikur rregullohet me ligj. Gjatë Gjendjes së Jashtëzakonshme, Këshilli i Sigurisë i Republikës së Kosovës do të bashkëpunojë ngushtësisht me Qeverinë, Kuvendin dhe autoritetet ndërkombëtare.

10. Ligji përcakton parimet, lëmit dhe mënyrën e kompensimit të dëmeve të shkaktuara si pasojë e kufizimeve të vendosura gjatë Gjendjes së Jashtëzakonshme.

Kapitulli XII   Institucionet e Pavarura

Neni 132   [Roli dhe Kompetencat e Avokatit të Popullit]

1. Avokati i Popullit mbikëqyr dhe mbron të drejtat dhe liritë e individëve nga veprimet ose mosveprimet e paligjshme dhe të parregullta të autoriteteve publike.

2. Avokati i Popullit është i pavarur në ushtrimin e detyrës dhe nuk pranon udhëzime e ndërhyrje nga organet, institucionet ose autoritetet e tjera, të cilat ushtrojnë pushtetin në Republikën e Kosovës.

3. Çdo organ, institucion ose autoritet tjetër, që ushtron pushtet legjitim në Republikën e Kosovës, është i detyruar t'u përgjigjet kërkesave të Avokatit të Popullit dhe t'i paraqesë atij/asaj të gjitha dokumentet dhe informacionet e kërkuara në pajtim me ligj.

Neni 133   [Zyra e Avokatit të Popullit]

1. Zyra e Avokatit të Popullit është e pavarur, dhe propozon e administron buxhetin e vet, në pajtim me ligj.

2. Avokati i Popullit ka një (1) ose më shumë zëvendës. Numri, mënyra e përzgjedhjes dhe mandati i tyre, rregullohen me ligjin për Avokatin e Popullit. Të paktën një (1) nga zëvendësit e Avokatit të Popullit është pjesëtar i komuniteteve që nuk janë shumicë në Kosovë.

Neni 134   [Kualifikimi, Zgjedhja dhe Shkarkimi i Avokatit të Popullit]

1. Avokatin e Popullit e zgjedh Kuvendi i Kosovës, me shumicën e votave të të gjithë deputetëve të tij, për një mandat pesë (5) vjeçar, pa të drejtë rizgjedhjeje.

2. Avokat i Popullit ka të drejtë të zgjidhet çdo shtetas i Republikës së Kosovës, me arsim të lartë, me karakter e moral të lartë, i ndershëm, me eksperiencë dhe njohuri të dalluara në fushën e të drejtave të njeriut.

3. Avokati i Popullit dhe zëvendësit e saj/tij nuk mund të jenë anëtarë të asnjë partie politike, as të ushtrojnë veprimtari politike, shtetërore a private profesionale dhe as të marrin pjesë në organizmat drejtues të organizatave civile, ekonomike dhe tregtare.

4. Avokati i Popullit gëzon imunitetin nga ndjekja penale, paditë civile ose shkarkimi për veprimet ose vendimet që janë brenda fushës së përgjegjësive të Avokatit të Popullit.

5. Avokati i Popullit mund të shkarkohet vetëm me kërkesën e më shumë se një të tretës (1/3) së të gjithë deputetëve, dhe në këtë rast Kuvendi vendos me shumicën e dy të tretave (2/3) të të gjithë deputetëve të tij.

Neni 135   [Raportimi i Avokatit të Popullit]

1. Avokati i Popullit paraqet raport vjetor para Kuvendit të Republikës së Kosovës.

2. Me kërkesën e Kuvendit, Avokati i Popullit duhet të dorëzojë raporte periodike ose tjera Kuvendit. Me kërkesën e Avokatit të Popullit, Kuvendi duhet t'ia lejojë që të dëgjohet.

3. Avokati i Popullit ka të drejtë të bëjë rekomandime dhe të propozojë masa, nëse vëren shkelje të të drejtave dhe lirive të njeriut nga ana e organeve të administratës publike dhe organeve të tjera shtetërore.

4. Avokati i Popullit ka të drejtë të referojë çështje në Gjykatën Kushtetuese, në pajtim me dispozitat e kësaj Kushtetute.

Neni 136   [Auditori i Përgjithshëm i Kosovës]

1. Auditori i Përgjithshëm i Republikës së Kosovës është institucioni më i lartë i kontrollit ekonomik e financiar.

2. Organizimi, funksionimi dhe kompetencat e Auditorit të Përgjithshëm të Republikës së Kosovës, përcaktohen me Kushtetutën dhe me ligj.

3. Auditori i Përgjithshëm i Republikës së Kosovës zgjidhet nga Kuvendi, me shumicën e votave të të gjithë deputetëve të Kuvendit, në bazë të propozimit të Presidentit të Republikës së Kosovës.

4. Kuvendi vendos për shkarkimin e Auditorit të Përgjithshëm të Republikës së Kosovës me shumicën e dy të tretave (2/3) të të gjithë deputetëve të tij, në bazë të propozimit të Presidentit ose me nismën e një të tretës (1/3) së deputetëve të Kuvendit të Republikës së Kosovës.

5. Mandati i Auditorit të Përgjithshëm të Republikës së Kosovës është pesë (5) vjet, me të drejtë rizgjedhjeje vetëm edhe për një mandat.

Neni 137   [Kompetencat e Auditorit të Përgjithshëm të Kosovës]

Auditori i Përgjithshëm i Republikës së Kosovës kontrollon:

(1) veprimtarinë ekonomike të institucioneve publike dhe të personave të tjerë juridikë shtetërorë;

(2) përdorimin dhe mbrojtjen e fondeve publike nga organet e pushtetit qendror dhe lokal;

(3) veprimtarinë ekonomike të ndërmarrjeve publike dhe personave juridikë të tjerë, tek të cilët Shteti ka një pjesë të aksioneve, ose kur huat, kreditë dhe detyrimet e tyre garantohen nga Shteti.

Neni 138   **[Raportimi i Auditorit të Përgjithshëm të Kosovës]**

1. Auditori i Përgjithshëm i Republikës së Kosovës, Kuvendit i paraqet:

    (1) raport për zbatimin e Buxhetit të Shtetit;

    (2) mendimin për raportin e Qeverisë për shpenzimet e vitit financiar të shkuar, para se të miratohet nga Kuvendi;

    (3) informacione për rezultatet e kontrolleve, sa herë që kërkohet nga Kuvendi.

2. Auditori i Përgjithshëm i Republikës së Kosovës i paraqet Kuvendit raportin vjetor për veprimtarinë e vet.

Neni 139   **[Komisioni Qendror i Zgjedhjeve]**

1. Komisioni Qendror i Zgjedhjeve është organ i përhershëm që përgatit, mbikëqyr, drejton dhe verifikon të gjitha veprimet që kanë të bëjnë me procesin e zgjedhjeve e referendumet dhe shpall rezultatet e tyre.

2. Komisioni përbëhet nga njëmbëdhjetë (11) anëtarë.

3. Kryesuesin e Komisionit Qendror të Zgjedhjeve, e emëron Presidenti i Republikës së Kosovës nga radhët e gjyqtarëve të Gjykatës Supreme dhe të Gjykatave me juridiksion apeli.

4. Gjashtë (6) anëtarë emërohen nga pjesëtarët e gjashtë grupeve më të mëdha parlamentare të përfaqësuara në Kuvend, të cilët nuk kanë të drejtë të marrin pjesë në ndarjen e vendeve të rezervuara. Nëse në Kuvend janë të përfaqësuara më pak grupe, grupi a grupet më të mëdha mund të emërojnë anëtarë shtesë. Një (1) anëtarë emërohet nga deputetët e Kuvendit të cilët mbajnë vende të rezervuara a të garantuara për komunitetin Serb të Kosovës dhe tre (3) anëtarë nga deputetët e Kuvendit, të cilët mbajnë vende të rezervuara a të garantuara për komunitetet e tjera që nuk janë shumicë në Kosovë.

Neni 140 [Banka Qendrore e Kosovës]

1. Banka Qendrore e Republikës së Kosovës, është institucion i pavarur i cili i përgjigjet vetëm Kuvendit të Kosovës.

2. Banka Qendrore e Republikës së Kosovës ushtron kompetencat dhe pushtetin e vet vetëm në pajtim me këtë Kushtetutë dhe me instrumentet e tjera ligjore të zbatueshme.

3. Guvernatori i Bankës Qendrore të Republikës së Kosovës ushtron edhe detyrën e Kryeshefit Ekzekutiv të saj.

4. Qeverisja e Bankës Qendrore të Republikës së Kosovës dhe procedurat e zgjedhjes dhe të nominimit të anëtarëve të Bordit të Bankës Qendrore të Kosovës rregullohen me ligjin, cili duhet të sigurojë pavarësinë dhe autonominë e saj.

Neni 141 [Komisioni i Pavarur i Medieve]

1. Komisioni i Pavarur i Medieve është organ i pavarur që rregullon spektrin e Frekuencave Transmetuese në Republikën e Kosovës, licencon transmetuesit publik e privat, përcakton dhe zbaton politikën e transmetimit si dhe ushtron kompetenca të tjera të përcaktuara me ligj.

2. Anëtarët e Komisionit të Pavarur të Medieve zgjedhen sipas ligjit, përmes një procesi transparent.

Neni 142 [Agjencitë e Pavarura]

3. Agjencitë e pavarura të Republikës së Kosovës janë institucione të krijuara nga Kuvendi, në bazë të ligjeve përkatëse, të cilat rregullojnë themelimin, funksionimin dhe kompetencat e tyre. Agjencitë e pavarura funksionet e tyre i kryejnë në mënyrë të pavarur nga çdo organ ose autoritet tjetër në Republikën e Kosovës.

4. Agjencitë e pavarura kanë buxhetin e tyre, i cili administrohet në mënyrë të pavarur, në pajtim me ligj.

5. Secili organ, institucion ose autoritet tjetër, që ushtron pushtet legjitim në Republikën e Kosovës, është i detyruar të bashkëpunojë dhe t'u përgjigjet kërkesave të agjencive të pavarura gjatë ushtrimit të kompetencave të tyre ligjore, në pajtim me ligj.

Kapitulli XIII **Dispozitat Përfundimtare**

Neni 143 **[Propozimi Gjithëpërfshirës për Zgjidhjen e Statusit të Kosovës]**

Pavarësisht dispozitave tjera të kësaj Kushtetute:

6. Të gjitha autoritetet në Republikën e Kosovës veprojnë në pajtim me të gjitha detyrimet e Republikës së Kosovës sipas Propozimit Gjithëpërfshirës për Zgjidhjen e Statusit të Kosovës të datës 26 mars 2007. Ato do të ndërmarrin të gjitha veprimet e nevojshme për zbatimin e tyre.

7. Dispozitat e Propozimit Gjithëpërfshirës për Zgjidhjen e Statusit të Kosovës të datës 26 mars 2007 kanë epërsi ndaj të gjitha dispozitave të tjera ligjore në Kosovë.

8. Kushtetuta, ligjet dhe aktet tjera ligjore të Republikës së Kosovës interpretohen në pajtueshmëri me Propozimin Gjithëpërfshirës për Zgjidhjen e Statusit të Kosovës të datës 26 mars 2007. Në rast se ka papajtueshmëri midis dispozitave të kësaj Kushtetute, ligjeve dhe akteve të tjera ligjore të Republikës së Kosovës dhe dispozitave të marrëveshjes, kjo e fundit do të mbizotërojë.

Neni 144 **[Amendamentimi]**

1. Qeveria, Presidenti ose një e katërta (1/4) e deputetëve të Kuvendit, sipas Rregullores së Punës të Kuvendit, mund të propozojnë ndryshime dhe amendamentime të kësaj Kushtetute.

2. Çdo ndryshim do të kërkojë miratimin e dy të tretave (2/3) të të gjithë deputetëve të Kuvendit, përfshirë dy të tretat (2/3) e të gjithë deputetëve të Kuvendit që mbajnë vende të rezervuara ose të garantuara për përfaqësuesit e komuniteteve që nuk janë shumicë në Republikën e Kosovës.

3. Ndryshimet në këtë Kushtetutë mund të miratohen nga Kuvendi vetëm pasi të ketë adresuar Kryetari i Kuvendit të Kosovës amendamentin e propozuar në Gjykatën Kushtetuese për të vlerësuar paraprakisht nëse ndryshimi i propozuar nuk pakëson ndonjë të drejtë dhe liritë e përcaktuara në Kapitullin II të Kushtetutës.

4. Ndryshimet e Kushtetutës hyjnë në fuqi menjëherë pas miratimit të tyre në Kuvendin e Republikës së Kosovës.

Neni 145 [Vazhdimësia e Marrëveshjeve Ndërkombëtare dhe e Legjislacionit të Aplikueshëm]

1. Marrëveshjet ndërkombëtare dhe aktet e tjera për bashkëpunimin ndërkombëtarë, që janë në fuqi ditën e hyrjes në fuqi të kësaj Kushtetute, do të vazhdojnë të respektohen deri atëherë

kur ato marrëveshje ose akte të rinegociohen ose kur të bëhet tërheqja nga to në pajtueshmëri me kushtet e tyre ose deri atëherë kur ato të zëvendësohen nga marrëveshje ose akte të reja ndërkombëtare me të cilat mbulohen fushat e njëjta dhe që janë miratuar në pajtim me këtë Kushtetutë.

3. Legjislacioni i aplikueshëm në ditën e hyrjes në fuqi të kësaj Kushtetute vazhdon të zbatohet për aq sa të jetë në pajtueshmëri me këtë Kushtetutë, derisa të mos shfuqizohet, zëvendësohet ose amendamentohet në pajtueshmëri me këtë Kushtetutë.

Kapitulli XIV   **Dispozitat Kalimtare**

Neni 146   **[Përfaqësuesi Ndërkombëtarë Civil]**

Pavarësisht dispozitave tjera të kësaj Kushtetute:

5. Përfaqësuesi Ndërkombëtarë Civil dhe organizatat e akterët e tjerë ndërkombëtarë të mandatuar sipas Propozimit Gjithëpërfshirës për Zgjidhjen e Statusit të Kosovës, datë 26 mars 2007, kanë mandatin dhe kompetencat e përcaktuara me Propozimit Gjithëpërfshirës duke përfshirë zotësinë juridike si dhe privilegjet dhe imunitetet e përcaktuara me të.

6. Të gjitha autoritetet në Republikën e Kosovës bashkëpunojnë plotësisht me Përfaqësuesin Ndërkombëtarë Civil, organizatat dhe akterët tjerë ndërkombëtarë të mandatuar sipas Propozimit Gjithëpërfshirës për Zgjidhjen e Statusit të Kosovës, datë 26 mars 2007 dhe ndër të tjera i'u japin fuqi ligjore vendimeve ose akteve të tyre.

Neni 147   **[Autoriteti Përfundimtarë i Përfaqësuesit Ndërkombëtarë Civil]**

Pavarësisht dispozitave të tjera të kësaj Kushtetute, Përfaqësuesi Ndërkombëtarë Civil, në pajtim me Propozimin Gjithëpërfshirës për Zgjidhjen e Statusit të Kosovës, datë 26 mars 2007, është autoriteti përfundimtarë në Kosovë lidhur me interpretimin e aspekteve civile të Propozimit Gjithëpërfshirës. Asnjë autoritet i Republikës së Kosovës nuk ka jurisdiksion të rishikojë, të pakësojë ose në ndonjë mënyrë të kufizojë mandatin, kompetencat dhe detyrimet e përcaktuara në nenin 146 dhe në këtë nen.

Neni 148   **[Dispozitat Transicionale për Kuvendin e Kosovës]**

1. Për dy (2) mandatet e para zgjedhore, Kuvendi i Republikës së Kosovës do të ketë njëzet (20) vende të rezervuara për përfaqësim të komuniteteve që nuk janë shumicë në Kosovë në mënyrën si vijon: Dhjetë (10) vende do t'u ndahen partive, koalicioneve, nismave qytetare dhe kandidatëve të pavarur, që janë deklaruar se përfaqësojnë komunitetin Serb të Kosovë, dhe dhjetë (10) vende do t'u ndahen komuniteteve të tjera si vijon: komunitetit Rom një (1) vend; komunitetit Ashkali një (1) vend; komunitetit Egjiptian një (1) vend; dhe një (1) vend shtesë do t'i jepet komunitetit Rom, Ashkali ose Egjiptian, i cili ka numrin më të madh të votave të përgjithshme; komunitetit Boshnjak tri (3) vende, komunitetit Turk dy (2) vende dhe komuniteti Goran një (1) vend. Çdo vend i fituar përmes zgjedhjeve, do të jetë vend shtesë, përveç dhjetë (10) vendeve të rezervuara që u ndahen përkatësisht komunitetit Serb të Kosovës dhe komuniteteve të tjera.

2. Pavarësisht nga pika 1 e këtij neni, mandati ekzistues në kohën e hyrjes në fuqi të kësaj Kushtetute do të konsiderohet si mandati i parë zgjedhor i Kuvendit, në rast se ky mandat zgjat për së paku dy vite nga dita e hyrjes në fuqi të kësaj Kushtetute.

Neni 149 [Miratimi Fillestar i Ligjeve me Interes Vital]

Pavarësisht nga dispozitat e Nenit 81 të kësaj Kushtetute, ligjet me interes vital të radhitura në atë nen, do të miratohen fillimisht me shumicën e votave të deputetëve të pranishëm të Kuvendit dhe që votojnë.

Neni 150 [Procesi i Emërimit të Gjyqtarëve dhe Prokurorëve]

1. Shqyrtimi gjithëpërfshirës mbarëkosovar për përshtatshmërinë e të gjithë kandidatëve për emërime të përhershme për gjyqtarë dhe prokurorë në Kosovë, deri në moshën e pensionimit të përcaktuar me ligj, do të vazhdojë të bëhet në pajtim me Urdhëresën Administrative 2008/2 dhe nuk do të ndikohet nga përfundimi i mandatit të UNMIK-ut, ose nga hyrja në fuqi e kësaj Kushtetute.

2. Të gjithë kandidatët e suksesshëm, të cilët janë emëruar ose riemëruar për gjyqtarë dhe prokurorë nga ana e Përfaqësuesit Special të Sekretarit të Përgjithshëm, si pjesë e procesit të emërimit, do të vazhdojnë të shërbejnë në postet e tyre deri në skadimin e natyrshëm të mandatit të tyre, ose deri atëherë kur ata të shkarkohen në pajtim me ligjin.

3. Komisioni i Pavarur Gjyqësor dhe Prokurorial do t'i paraqesë me shkrim Këshillit Gjyqësor të Kosovës rekomandimet për kandidatët për emërimin dhe riemërimin e tyre si gjyqtarë dhe prokurorë, i cili ushtron pushtetin përfundimtar, që t'ia propozojë Presidentit të Kosovës kandidatët për emërim dhe riemërim si gjyqtarë dhe prokurorë.

4. Të gjithë kandidatët e suksesshëm, të cilët janë emëruar ose riemëruar nga Presidenti i Kosovës si gjyqtarë dhe prokurorë, sipas propozimit të Këshillit Gjyqësor të Kosovës, si pjesë e procesit të emërimit, do të vazhdojnë të shërbejnë në këto poste deri në skadimin e natyrshëm të mandatit të tyre, ose deri atëherë kur ata të shkarkohen në pajtim me ligjin.

5. Pavarësisht nga dispozitat e nenit 105 të kësaj Kushtetute, mandati i të gjithë gjyqtarëve dhe prokurorëve që në mënyrë të suksesshme e kalojnë procesin e emërimit siç është përcaktuar në këtë nen dhe të cilët kanë ushtruar funksionin së paku dy vjet para emërimit, sipas këtij neni, është i përhershëm deri në moshën e pensionimit sikurse është përcaktuar me ligj, përveç nëse shkarkohen në pajtim me ligjin.

Neni 151 [Përbërja e Përkohshme e Këshillit Gjyqësor të Kosovës]

Deri në fund të mbikëqyrjes ndërkombëtare të zbatimit të Propozimit Gjithëpërfshirës për Zgjidhjen e Statusit të Kosovës, të datës 26 mars 2007, Këshilli Gjyqësor i Kosovës do të përbëhet siç vijon:

1. Pesë (5) anëtarë janë anëtarë kosovarë të Komisionit të Pavarur Gjyqësor dhe Prokurorial, që janë verifikuar nga Komisioni i Pavarur Gjyqësor dhe Prokurorial, si pjesë e fazës së parë dhe të dytë të procesit të emërimit, në pajtim me Urdhëresën Administrative 2008/02. Prej

këtyre pesë (5) anëtarëve, një (1) gjyqtar dhe një (1) prokuror të zgjedhur sipas metodës së rastësisë, do të shërbejnë në Këshillin Gjyqësor të Kosovës deri në skadimin e natyrshëm të mandateve të tyre ekzistuese, kur do të zëvendësohen me një (1) gjyqtar dhe një (1) prokuror të verifikuar nga Komisioni i Pavarur Gjyqësor dhe Prokurorial dhe që janë zgjedhur nga ana e kolegëve të tyre, duke iu përmbajtur metodave që kanë për qëllim sigurimin e përfaqësimit sa më të gjerë të shërbimit të Gjyqësorit dhe Prokurorisë. Dy (2) gjyqtarët e mbetur dhe një
(1) prokuror nga radhët e pesë (5) anëtarëve kosovarë të Komisionit të Pavarur Gjyqësor dhe Prokurorial, do të shërbejnë në Këshillin Gjyqësor të Kosovës për një mandat plotësues njëvjeçar pas skadimit të natyrshëm të mandatit të tyre, kur ata do të zëvendësohen me procedurë të njëjtë sikur edhe ish-kolegët e tyre të Komisionit të Pavarur Gjyqësor dhe Prokurorial. Në rast të themelimit të një subjekti përgjegjës për çështjet e emërimit, disiplinës dhe shkarkimit të prokurorëve, të gjithë anëtarët e tjerë të Këshillit Gjyqësor të Kosovës do të jenë gjyqtarë.

2. Tetë (8) anëtarët e tjerë të Këshillit Gjyqësor të Kosovës do të zgjedhen nga Kuvendi i Kosovës në mënyrën e përcaktuar me këtë Kushtetutë, përveç dy (2) nga katër (4) anëtarët e zgjedhur nga deputetët e Kuvendit që mbajnë vende të fituara gjatë ndarjes së përgjithshme të vendeve, duhet të jenë ndërkombëtarë, të përzgjedhur nga Përfaqësuesi Ndërkombëtarë Civil, sipas propozimit të Misionit Evropian për Politika të Sigurisë dhe Mbrojtes. Njëri nga anëtarët ndërkombëtarë duhet të jetë gjyqtar.

Neni 152   [Përbërja e Përkohshme e Gjykatës Kushtetuese]

Deri në fund të mbikëqyrjes ndërkombëtare të zbatimit të Propozimit Gjithëpërfshirës për Zgjidhjen e Statusit të Kosovës, të datës 26 mars 2007, Gjykata kushtetuese do të përbëhet si në vijim:

1. Gjashtë (6) nga nëntë (9) gjyqtarët emërohen nga Presidenti i Republikës së Kosovës, me propozimin e Kuvendit.

2. Nga gjashtë (6) gjyqtarët, dy (2) do të shërbejnë për një mandat trevjeçar, pa mundësi të rizgjedhjes, dy (2) do të shërbejnë për një periudhë gjashtëvjeçare, pa mundësi të rizgjedhjes, dhe dy (2) do të shërbejnë për një periudhë nëntëvjeçare, pa mundësi të rizgjedhjes. Mandatet e gjyqtarëve fillestarë do të zgjidhen me short, nga Presidenti i Republikës së Kosovës, menjëherë pas emërimit të tyre.

3. Nga gjashtë (6) gjyqtarët, katër (4) do të zgjidhen votat e dy të tretave (2/3) të deputetëve të Kuvendit, të cilët janë të pranishëm dhe që votojnë. Dy (2) do të zgjidhen me shumicën e votave të deputetëve të Kuvendit, pas pëlqimit të shumicës së deputetëve të Kuvendit, të cilët mbajnë vendet që janë rezervuar ose garantuar për përfaqësuesit e komuniteteve që nuk janë shumicë në Kosovë.

4. Tre (3) gjyqtarë ndërkombëtarë do të emërohen nga Përfaqësuesi Ndërkombëtarë Civil pas konsultimit me Kryetarin e Gjykatës Evropiane për të Drejtat e Njeriut. Tre (3) gjyqtarët nuk do të jenë qytetarë të Kosovës dhe as të ndonjë vendi fqinj.

5. Përfaqësuesi Ndërkombëtarë Civil do të përcaktojë se kur skadon mandati i gjyqtarëve ndërkombëtarë, dhe gjyqtarët do të ndërrohen sikur është e parashikuar me Kushtetutë.

Neni 153 [Prania Ndërkombëtare Ushtarake]

Pavarësisht dispozitave tjera të kësaj Kushtetute, Prania Ndërkombëtare Ushtarake ka mandatin dhe kompetencat e përcaktuara nga instrumentet relevante ndërkombëtare, përfshirë Rezolutën 1244 të Këshillit të Sigurimit të Kombeve të Bashkuara dhe Propozimit Gjithëpërfshirës për Zgjidhjen e Statusit të Kosovës, datë 26 mars 2007. Kryesuesi i Pranisë Ndërkombëtare Ushtarake, në pajtim me Propozimin Gjithëpërfshirës për Zgjidhjen e Statusit të Kosovës, datë 26 mars 2007, është autoriteti final në zonën operative për sa i përket interpretimit të atyre aspekteve të marrëveshjes së përmendur që i referohen Pranisë Ndërkombëtare Ushtarake. Asnjë autoritet i Republikës së Kosovës nuk ka jurisdikcion të rishikojë, të pakësoj ose përndryshe të kufizoj mandatin, kompetencat dhe detyrimet e referuara në këtë nen.

Neni 154 [Trupat e Mbrojtjes të Kosovës]

Trupat e Mbrojtjes të Kosovës do të shpërbëhen brenda një viti pas hyrjes në fuqi të kësaj Kushtetute. Deri në shpërbërje, Prania Ndërkombëtare Ushtarake, në konsultim me Përfaqësuesin Ndërkombëtarë Civil dhe Republikën e Kosovës do të ketë autoritet ekzekutiv mbi Trupat e Mbrojtjes të Kosovës dhe vendos për dinamikën kohore të shpërndarjes.

Neni 155 [Shtetësia]

1. Të gjithë banorët e ligjshëm të Kosovës në datën e miratimit të kësaj Kushtetute, gëzojnë të drejtën e shtetësisë së Republikës së Kosovës.

2. Republika e Kosovës ua njeh të drejtën në shtetësinë e Republikës së Kosovës, pavarësisht nga vendbanimi i tyre i tanishëm dhe shtetësia që ata kanë, të gjithë qytetarëve të ish-Republikës Federative të Jugosllavisë, të cilët kanë qenë banorë të përhershëm të Kosovës me datën 1 janar 1998, dhe pasardhësve të tyre të drejtpërdrejtë.

Neni 156 [Refugjatët dhe Personat e Zhvendosur Brenda Vendit]

Republika e Kosovës promovon dhe lehtëson kthimin e sigurt dhe me dinjitet të refugjatëve dhe personave të zhvendosur brenda vendit, dhe u ndihmon atyre për kthimin e pronave dhe posedimeve të tyre.

Neni 157 [Auditori i Përgjithshëm i Kosovës]

Deri në fund të mbikëqyrjes ndërkombëtare dhe zbatimit të Propozimit Gjithëpërfshirës për Zgjidhjen e Statusit të Kosovës, datë 26 mars 2007, Revizori i Përgjithshëm i Republikës së Kosovës do të jetë një ndërkombëtar i emëruar nga Përfaqësuesi Ndërkombëtarë Civil.

Neni 158 [Autoriteti Qendror Bankar]

Deri në fund të mbikëqyrjes ndërkombëtare dhe zbatimit të Propozimit Gjithëpërfshirës për Zgjidhjen e Statusit të Kosovës, datë 26 mars 2007, Guvernatori i Bankës Qendrore të Republikës së Kosovës do të emërohet nga Presidenti i Republikës së Kosovës, pas marrjes së pëlqimit nga Përfaqësuesi Ndërkombëtarë Civil.

Neni 159 [Pronat dhe Ndërmarrjet në Pronësi Shoqërore]

1. Të gjitha ndërmarrjet që ishin në tërësi ose pjesërisht në pronësi shoqërore, para hyrjes në fuqi të kësaj Kushtetute, do të privatizohen në pajtim me ligj.

2. Të gjitha interesat në pronësi shoqërore në prona dhe ndërmarrje në Kosovë do të jenë në pronësi të Republikës së Kosovës.

Neni 160 [Ndërmarrjet në Pronësi Publike]

1. Republika e Kosovës do t'i ketë në pronësi të vet të gjitha ndërmarrjet në Republikën e Kosovës që janë ndërmarrje në pronësi publike. Të gjitha obligimet që kanë të bëjnë me këto të drejta pronësore do të jenë obligime të Republikës së Kosovës. Qeveria e Kosovës mund të privatizojë, të japë me koncesion ose të japë me qira ndërmarrjet në pronësi publike në mënyrën e rregulluar me ligj.

2. Të drejtat e pronësisë, që kanë të bëjnë me një ndërmarrje në pronësi publike e cila ofron shërbime vetëm në një komunë specifike ose në një numër të kufizuar të komunave, do të jenë të drejta pronësore të komunës ose komunave përkatëse. Obligimet në lidhje me të drejtat e tilla pronësore do të jenë obligime të komunës ose komunave përkatëse. Kuvendi mundet me ligj të identifikojë një ndërmarrje të tillë dhe komunën a komunat, që kanë të drejta pronësore dhe obligimet lidhur me to. Nëse përcaktohet me ligj, komuna a komunat përkatëse, ndërmarrjet në pronësi shoqërore mund t'i privatizojnë, t'i japin me koncesion ose t'i lëshojnë me qira.

Neni 161 [Transicioni i Institucioneve]

1. Me përjashtim të rasteve kur Kushtetuta përcakton një transicion tjetër, të gjitha kompetencat, përgjegjësitë dhe detyrimet e institucioneve të përcaktuara me këtë Kushtetutë, do t'u kalojnë

menjëherë atyre institucioneve në ditën e hyrjes në fuqi të kësaj Kushtetute. Kohëzgjatja e mandatit të secilit institucion para hyrjes në fuqi të kësaj Kushtetute, do të mbetet e paprekur dhe e pandryshuar deri në skadimin e rregullt, ose deri në zgjedhjet e reja.

2. Deri ne zgjedhjet e para parlamentare pas hyrjes në fuqi të kësaj Kushtetute, Kryesia e Kuvendit mbetet me kompetencat e parapara në mandatin e saj ekzistues. Pas seancës konstituive të Kuvendit të parë pas hyrjes në fuqi të kësaj Kushtetute, Kryesia e Kuvendit ristrukturohet në pajtim me dispozitat e kësaj Kushtetute.

3. Dispozitat e nenit 70.3.(3) nuk do të aplikohen deri në seancën konstituive të Kuvendit pas zgjedhjeve të para parlamentare pas hyrjes në fuqi të kësaj Kushtetute.

4. Deri në formimin e Këshillit Prokurorial të Kosovës, funksionet dhe përgjegjësitë e tij do të i kryejë Këshilli Gjyqësor i Kosovës.

Neni 162   [Hyrja në Fuqi]

Kushtetuta e Republikës së Kosovës hyn në fuqi më 15 qershor 2008.

www.ingramcontent.com/pod-product-compliance
Lightning Source LLC
Chambersburg PA
CBHW062216220526
45471CB00009B/3222